Xavier Deulonder i Camins

NORTON I,
EMPERADOR DELS EUA
I PROTECTOR DE MÈXIC

Llibres de l'Índex

Primera edició: juny de 2018

© Xavier Deulonder i Camins
© d'aquesta edició: Ediciones La Tempestad S.L., 2018

Llibres de l'Índex®
carrer Pujades, 6 - Local 2
08005 Barcelona
Tel: 932 250 439
E-mail: info@llibresindex.com
www.llibresindex.cat

ISBN: 978-84-7948-152-0

Fet a Catalunya

Sumari

INTRODUCCIÓ

No resulta pas estrany que els llibres d'història tractin sobre els fets i les paraules d'emperadors, reis, prínceps i de tot tipus de governants; al capdavall, foren persones que amb la seva voluntat o el seu caprici condicionaren l'evolució de les seves nacions, és a dir, les vides de milers d'individus. Ací, però, ens proposem explicar la trajectòria vital d'un monarca força singular, oblidat sovint pels historiadors, com ho fou Sa Majestat Imperial Norton I Emperador dels Estats Units i Protector de Mèxic, un personatge històric tal com ho demostren els documents i testimonis de la seva època.

Per poc que en coneguem la història, tots tenim clar que "emperador" i "Estats Units" són dos conceptes que s'exclouen mútuament perquè els EUA sempre s'han mantingut fidels a la constitució republicana i democràtica que es donaren després d'haver-se independitzat del domini colonial britànic, com també entenem que si una de les dues principals forces polítiques americanes s'anomena Partit Republicà això no significa pas que el seu opositor, el Partit Demòcrata, sigui monàrquic perquè per als americans la idea de monarquia resulta inconcebible fora de la tradició històrica d'alguns països europeus. Així doncs, la figura de l'Emperador Norton és una anècdota de la història igual com ho és el cas de Boris I rei d'Andorra, és a dir de Boris de Skossyreff, un noble rus exiliat a causa de la Revolució que, durant una setmana de juliol de 1934, va estar a punt de canviar el govern i la història del país dels Pirineus.

L'Emperador Norton no representa pas, doncs, un parèntesi en la història constitucional i política dels EUA, sinó que ens proporciona un exemple sobre com la percepció que una persona pugui tenir d'ella mateixa i de la realitat que l'envolta pot veure's afectada pel seu entorn, de tal manera que, en alguns casos, aquest entorn pot arribar a fer desaparèixer totalment la distinció entre realitat i fantasia o deliri. Potser ens cal preguntar-nos no sols com va sorgir l'Emperador Norton sinó quina fou la reacció que hi tingué la gent de San Francisco, la ciutat on vivia; fou correcta aquesta reacció? No seria lògic considerar Norton una víctima dels seus conciutadans que, en gran part, li impediren resoldre la crisi vital que patia?

A la Xina, després que, el 1911, s'hi proclamés la República, l'emperador Pu Yi va poder continuar residint a la Ciutat Prohibida, el tradicional palau imperial de Pequín, fins que el 1924 el govern xinès l'en va expulsar. Durant aquests tretze anys, que corresponeren a la seva infantesa i adolescència perquè havia nascut el 1906, Pu Yi va viure amb tot el cerimonial i luxe de cort igual com si regnés de debò, però, en realitat, estava reclòs a la Ciutat Prohibida sense poder-ne sortir, i la seva figura només era un pretext que els cortesans utilitzaven per conservar les seves prerrogatives i privilegis malgrat la fi de l'Imperi; ací, doncs, la història de l'Emperador Norton hi té molts punts en contacte perquè ell també va ser una figura usada per treure'n profit. Naturalment, en aquesta comparació, deixem fora què va fer Pu Yi un cop va sortir de la Ciutat Prohibida, com ara la decisió que va prendre de col·laborar amb la invasió japonesa de Manxúria per així poder disposar d'una base amb què poder recuperar el tron imperial xinès.

Per tot això, ací considerem la història de l'Emperador Norton com un relat que no pot deixar indiferent a ningú ja que ha servit sovint d'inspiració i objecte d'estudi per a literats i escriptors.

EL REGNAT DE NORTON I

1.LA FI DE LA REPÚBLICA I LA PROCLAMACIÓ DE L'IMPERI

La constitució dels Estats Units d'Amèrica (EUA), aprovada el 21 de juny de 1788 per la Convenció de Filadèlfia, reunida el 1787 sota la presidència de George Washington, establia un sistema republicà basat en la democràcia, la separació de poders i l'Estat de Dret, és a dir, la submissió tant dels ciutadans com els governants a l'Imperi de la Llei. Aquesta constitució va estar vigent fins que, el 17 de setembre de 1859, al diari *San Francisco Bulletin* va publicar-s'hi el següent manifest:

> "Arran de la petició peremptòria per part d'una gran majoria dels ciutadans dels Estats Units, jo, Joshua Norton, resident anteriorment a la Badia d'Algoa, al cap de Bona Esperança, i ara, i durant els darrers nou anys i deu mesos, a San Francisco (Califòrnia) em proclamo Emperador dels Estats Units, i en virtut de l'autoritat de què he estat així investit, ordeno amb aquesta proclama que els representants de cadascun dels Estats de la Unió es reuneixin en assemblea al Saló Musical d'aquesta ciutat [San Francisco] el proper 1 de febrer, per tal de reformar i millorar les lleis d'aquesta Unió i, així, posar fi als mals sota els quals viu aquest país, i que d'aquesta manera es creï confiança en la nostra integritat i estabilitat tan dins del nostre país com a l'estranger"[1].

Queda clar, doncs, que als Estats Units, el sistema republicà, definit en la constitució aprovada el 1788, havia entrat en crisi perquè ja no satisfeia les aspiracions i desigs d'una gran part dels ciutadans americans, els quals veieren en l'Imperi proclamat per Joshua Norton, des d'aleshores conegut com a Norton I emperador dels Estats Units, la solució als greus problemes del país que, òbviament, l'antiga constitució republicana no podia pas resoldre. El 1787, George Washington va rebutjar la possibilitat de proclamar-se rei perquè ho considerà una

---

1   *He proclaims himself Emperor* http://www.notfrisco.com/nortoniana/

abominació dels principis republicans pels quals havia lluitat; el 1859, Joshua Norton va decidir afrontar els problemes de la nació assumint la feixuga responsabilitat de proclamar-se'n emperador. El decret de Joshua Norton proclamant-se emperador dels Estats Units va anar seguit al cap d'un mes de l'anunci de l'abolició del Congrés dels EUA per part de Sa Majestat Imperial Norton I:

> "Podem veure com el sufragi universal, tal com es practica avui dia a la Unió, és manipulat; el frau i la corrupció eviten una lliure i adequada expressió de la veu del poble; la violació descarada de les lleis s'esdevé contínuament a causa de l'existència de màfies, partits, faccions i d'influències il·lícites de grups polítics; el ciutadà no gaudeix pas de la protecció de la seva persona i de la seva propietat a què té dret pel fet de pagar la seva pro rata de les despeses del Govern. En conseqüència de tot això, Nós amb aquest decret declarem abolit el Congrés, i, així, d'aquesta manera, el Congrés queda abolit; Nós ordenem i desitgem que representants de tots els partits interessats compareguin al Saló Musical d'aquesta ciutat [San Francisco] el proper dia 1 de febrer, i que aleshores i allà es prenguin les mesures més eficients per resoldre els mals que hem denunciat"[2].

No podem dubtar pas de l'honestedat i dels bons propòsits de George Washington, Benjamin Franklin, Thomas Jefferson, John Adams, James Madison i de tots els que contribuïren a definir el sistema republicà dels Estats Units en l'època de la guerra d'independència contra els britànics (1776-1783). Certament, volien construir un país de persones lliures dotat d'un règim polític que afavorís el desenvolupament individual de cadascú; ara bé, menys d'un segle després d'aprovada la Constitució dels EUA, la República, el sufragi universal, la democràcia i tot els sistema institucional construït a partir de la Declaració d'Independència del 4 de juliol de 1776 havien fracassat completament i l'única manera de tirar endavant era conferir tots els poders de l'Estat a Sa Majestat Imperial Norton I, qui, en virtut de la seva autoritat, abolia el Congrés i, doncs, cal suposar-ho, s'atribuïa la potestat de legislar ell tot sol sobre la vida política, social i econòmica dels EUA,

---

2   *He abolishes Congress* http://www.notfrisco.com/nortoniana/

tot i acceptar el concurs dels representants polítics convocats al Saló Musical de San Francisco.

El maig de 1860, el Partit Republicà designà Abraham Lincoln candidat a ocupar la Casa Blanca; en resposta, els estats del Sud amenaçaren amb la secessió si guanyava les eleccions el goril·la aquell que es proposava abolir l'esclavitud[3]; per això, vista la inoperància i la perniciositat de les institucions republicanes, Sa Majestat Imperial va decidir derogar formalment aquell sistema caduc amb la següent proclama:

"VIST QUE és necessari per a la nostra Pau, Prosperitat i Felicitat, així com per al Progrés Nacional del poble dels Estats Units, dissoldre la forma republicana de govern i establir en el seu lloc una Monarquia Absoluta;
ARA, PER TANT, NÓS Norton I, per la Gràcia de Déu Emperador dels Trenta-tres estats i de la multitud de territoris dels Estats Units d'Amèrica, amb aquest decret dissolem la República dels Estats Units, la qual, per aquest decret, queda dissolta.
Totes les lleis fetes des d'ara i després d'aquesta data, tant pel Congrés Nacional o per qualsevol cos legislatiu estatal, seran nul·les i quedaran sense efecte.
Tots els governadors, i totes les altres persones amb autoritat, mantindran l'ordre fent complir les lleis fins ara existents fins que s'hi duguin a terme els canvis necessaris.
Signada i segellada per Nós a la caserna general de San Francisco el 26 de juliol de 1860[4]"

En realitat, aquesta proclama recull les idees expressades per Norton I en un discurs pronunciat mesos enrere: "Prenent en consideració totes aquestes circumstàncies, i les dissensions internes sobre la qüestió de l'esclavitud, nós estem convençut que res no pot salvar la nació de la ruïna excepte una monarquia absoluta sota la supervisió i autoritat d'un Emperador independent[5]".

3   DRURY, William. *Norton I, Emperor of the United States,* New York, Dodd, Mead, 1986
      http://www.emperornorton.net/norton-drury.txt
4   *He dissolves the Republic* http://www.notfrisco.com/nortoniana/
5   MOYLAN, Peter: *Emperor Norton* http://www.sfhistoryencyclopedia.com/articles/n/
      nortonJoshua.html

Així doncs, el canvi constitucional esdevingut als Estats Units entre 1859 i 1860 havia dut a la instauració d'una monarquia absoluta autocràtica com la dels tsars de Rússia; Norton I no estava pas disposat a acceptar cap mena de parlamentarisme com el que permetien d'altres emperadors de la seva època com ara Napoleó III de França (1852-1870), Francesc Josep I d'Àustria (1848-1916) o Pere II del Brasil (1831-1889), o com el que, el 1871, acceptaria el rei Guillem I de Prússia (1861-1888) en esdevenir emperador d'Alemanya. Per altra banda, als Estats Units, la transició de la República a l'Imperi s'havia de dur a terme evitant el caos que pogués resultar d'un buit de poder; per això, en el seu decret, Sa Majestat Imperial reconeixia que les lleis aprovades pels cossos legislatius de l'antic sistema republicà estarien vigents fins que se n'aprovin de noves per part de l'Imperi.

2. EL GOVERN DE L'IMPERI

Una prova incontestable del fracàs de les institucions republicanes fou la seva incapacitat de resoldre el conflicte que, a mitjans del segle XIX, es vivia als EUA entre els partidaris de mantenir l'esclavitud dels negres i els abolicionistes. Un dels primers actes de govern de Norton I va incidir en un assumpte derivat d'aquest conflicte. El 1855, John Brown, un abolicionista radical, s'havia establert a Osawatomie (territori de Kansas) i va crear-hi un moviment guerriller antiesclavista. El 21 de maig de 1856, un grup d'esclavistes va atacar el poble de Lawrence; aleshores, per tal de dur a terme la missió divina que ell creia tenir encomanada de prendre'n venjança, tres dies després, Brown va apoderar-se dels assentaments esclavistes de Pottawatomie Creek, va assassinar-hi cinc homes a sang freda i en deixà els cossos mutilats com a avís per als esclavistes. El gener de 1858, Brown assaltà dues granges esclavistes a Missouri i va alliberar-ne onze dels esclaus; llavors, va viatjar durant vuitanta-dos dies seguits recorrent milers de quilòmetres per tal de portar els esclaus alliberats al Canadà on podrien esdevenir lliures. La nit del 16 d'octubre de 1859, Brown assaltà el dipòsit federal d'armes de Harpers Ferry a Virgínia (actualment, Virgínia occidental) amb el propòsit d'alliberar els esclaus i ajudar-los a organitzar una insurrecció armada contra els esclavistes; al cap d'un dia i mig de lluita, les milícies locals i un escamot dels marines van reduir Brown i els seus homes; aleshores, Brown fou acusat d'assassinat, d'inducció a la insurrecció d'esclaus i traïció contra l'Estat, càrrecs pels quals, el governador Henry

A. Wise de Virgínia féu penjar John Brown a Charlestown el 2 de desembre de 1859. El judici contra Brown fou un esdeveniment nacional a tot arreu dels EUA, principalment a Califòrnia, on hi havia una forta divisió d'opinions entre abolicionistes i esclavistes. En tenir coneixement de l'execució de Brown a la forca, Norton I va condemnar la decisió de Wise i per això va promulgar aquest decret imperial:

"DESAPROVANT l'actuació del Governador Wise de Virgínia fent penjar el general Brown a Charlestown (Virgínia) el 2 de desembre

I CONSIDERANT que l'esmentat Brown tenia pertorbades les seves facultats mentals i que hauria d'haver estat enviat a un Asil per a Malalts Mentals per haver intentat apoderar-se de l'Estat de Virgínia amb només disset homes

ARA SÀPIGUEN TOTS ELS HOMES que jo ara mateix el destitueixo a ell, Henry A. Wise, del dit càrrec, i nomeno John C. Breckenridge, de Kentucky per al dit càrrec de Governador de la nostra província de Virgínia

Desembre 1859[6]"

Analitzant el contingut del decret, podem veure com, arran de l'adveniment de l'Imperi, els territoris integrats als EUA també se'ls pot denominar províncies, nomenclatura no usada mai en temps de la República; per altra banda, aquest decret imperial és l'únic text que atribueix a John Brown el títol de general, que d'altres documents no li donen pas mai. Amb aquesta mesura contundent i exemplar, quedava clar que, en l'Imperi, els governadors ja no serien, com en temps de la República, uns petits dèspotes locals amb capacitat per fer i desfer al seu gust sinó que ara s'havia instaurat una autoritat superior davant de la qual haurien de respondre dels seus torts.

No hem trobat pas l'acta de presa de possessió de Breckenridge com a nou governador de Virgínia en nom de Norton I; ara bé, per altres fonts, podem saber que John Cabell Breckenridge (1821-1875) va començar la seva carrera política com a membre del parlament de Kentucky i el 1857 va arribar a ser vice-president dels EUA sota el mandat del president James Buchanan. Segons l'antiga constitució republicana, el vice-president tenia la funció de presidir el Senat; per això,

---

6   *He removes Governor Wise of Virginia* http://www.notfrisco.com/nortoniana/

13

després de l'abolició del Congrés per Sa Majestat Imperial, la figura del vice-president havia quedat sense contingut. Nomenant Breckenridge nou governador de Virgínia, Norton I deixava clar a les persones vinculades a les antigues institucions republicanes que també tenien oberta la possibilitat de col·laborar amb el nou Imperi.

Norton I no aspirava pas a governar pel Terror, ara bé, la seva suprema autoritat calia respectar-la i qui no ho fes que s'atingués a les conseqüències. Pel seu Decret Imperial del 12 d'octubre de 1859, l'Emperador havia abolit el Congrés dels Estats Units, és a dir, les dues cambres (Congrés de Representants i Senat) a les quals, segons l'antiga constitució republicana, corresponia el poder legislatiu. Ara bé, havia arribat a coneixement de Sa Majestat Imperial que, desobeint el seu Decret, membres d'aquestes dissoltes cambres continuaven reunint-se a Washington amb la pretensió d'usurpar la prerrogativa legislativa que, ara, corresponia exclusivament a l'Emperador. Un acte de rebel·lió com aquest no podia pas tolerar-se; per això, el gener de 1860, Norton I va donar ordre al general Scott, comandant en cap dels exèrcits de l'Imperi, d'apoderar-se de la ciutat rebel i desallotjar per la força les cambres del Congrés. Heus ací el text del decret imperial:

> "VIST QUE, un grup d'homes que s'autodenominen Congrés Nacional es troben reunits a la ciutat de Washington, violant així el nostre edicte imperial del darrer 12 d'octubre, declarant abolit l'esmentat Congrés;
> VIST QUE, és necessari per a la pau del nostre Imperi que el dit decret es compleixi estrictament;
> ARA, PER TANT, nós amb aquest decret ordenem i manem al general Scott, comandant en cap dels nostres exèrcits, que, immediatament després de rebut aquest decret nostre, actuï amb una força adequada per desallotjar les Cambres del Congrés Gener de 1860[7]"

Alguns historiadors consideren Winfield Scott (1786-1866) com el general americà més competent de la seva època; va aconseguir notoris triomfs al camp de batalla durant la Guerra Angloamericana de 1812-1814; el 1838, seguint les ordres del president Van Buren, va dirigir la guerra contra els indis Cherokees de Geòrgia, així com, el 1839,

---

7   *He calls on the Army* http://www.notfrisco.com/nortonIana/

va fer de mitjancer en el conflicte entre les tropes de l'estat americà de Maine i la província britànica (canadenca) de New Brunswick. Durant la Guerra dels EUA contra Mèxic (1846-1848), el general Scott va desembarcar a Veracruz i va arribar fins a la ciutat de Mèxic. El 1852, Scott va presentar-se a les eleccions, però va sortir elegit president el seu rival Franklin Pierce. Així doncs, pel seu brillant full de serveis, el general Scott era la persona idònia per dur a terme l'esclafament de la sedició republicana de Washington; Norton I sabia escollir els seus homes.

En el seu decret del 26 de juliol de 1860 en què declarava dissolta la República als EUA, Norton I reconeixia l'origen diví del seu poder en titular-se "per la Gràcia de Déu Emperador dels Trenta-tres estats i de la multitud de territoris dels Estats Units d'Amèrica". Per això, el 10 de juliol de 1862, Norton I Emperador dels Estats Units va promulgar aquest decret:

"Nós ordenem amb a aquest decret als dirigents de les esglésies hebrea, catòlica i protestant de consagrar-nos i fer-nos coronar Emperador dels Estats Units i Protector de Mèxic.
Donat sota la nostra signatura i segell de l'estat, avui 10 de juliol de 1862[8]"

Des de la Independència, els Estats Units sempre s'han caracteritzat per la pluralitat d'esglésies i la llibertat de cultes, no havent-hi mai cap església oficial; aquest era un element positiu per a la vida social, i Norton I va decidir conservar-lo.

La pròpia imatge és un element clau en la litúrgia del poder d'un governant; principalment en un emperador que no és pas algú elegit pels seus conciutadans per exercir temporalment un càrrec, tal com s'esdevenia amb els presidents que hi havia hagut als EUA fins 1859, sinó una persona que, en virtut d'una gràcia especial concedida per Déu, ha rebut el dret a governar sense haver-se de preocupar per l'aprovació de la seva política per part dels seus súbdits. Per això, l'11 de setembre de 1862, Norton I va promulgar el següent decret:

"VIST QUE algunes persones avaricioses i d'altres conspiren contra la nostra persona, dret i dignitat [que potser es tractava de

---

8   *He Asks for Blessing* http://www.notfrisco.com/nortoniana/

partidaris de l'antic sistema republicà?] rebutjant de proveir-nos amb roba adient, encara que els ho hem demanat i VIST QUE d'aquesta manera la dignitat nacional queda ofesa ARA, PER TANT, nós ordenem que procediu immediatament després de rebut aquest decret contra els sastres Walter i Tompkins, del carrer Montgomery d'aquesta ciutat [San Francisco] per arrabassar-los els reblons de les seves tisores grans; queda prohibit que ningú els repari aquestes tisores ni els en proporcioni de noves fins que ens hagin proveït amb la nostra roba, cosa que fa temps que se'ls ha demanat[9]".

Considerant que l'actitud dels sastres Walter i Tompkins era un delicte de lesa majestat imperial, Norton I va tenir la generositat no sols de perdonar-los la vida sinó de ni tan sols condemnar-los a presó, tal com segurament mereixerien. El 8 de febrer de 1866, Sa Majestat Imperial es va veure en la necessitat de promulgar:

"Nós, Norton I, *Dei gratia* emperador dels Estats Units i protector de Mèxic, havent-nos estat refusat un passatge per la companyia de navegació a vapor per tal de traslladar-nos a la ciutat de Sacramento, ordenem amb aquesta proclama al vaixell de guerra Schubrick de bloquejar el riu de Sacramento per obligar-los a avenir-se a raons[10]".

La imperial indignació davant de l'actitud de la companyia de vaixells de Sacramento resulta comprensible i legítima; encara cal lloar la magnanimitat de l'Emperador de limitar-se a donar ordre de bloquejar la ciutat; per molt menys que això, el 1842 el govern espanyol havia ordenat bombardejar Barcelona. Cal notar la menció en llatí de l'expressió *per la Gràcia de Déu*, pràctica que sempre dóna un caràcter més àulic als textos dels edictes imperials.

Ací tenim un nou exemple d'afirmació de les imperials prerrogatives, exclusives de la persona de l'Emperador:

"VIST QUE, Certs partits han assumit prerrogatives, corresponents únicament a la meva Reial Persona;

---

9   *He Demands Suitable Attire* http://www.notfrisco.com/nortoniana/
10   http://www.emperornorton.org/1024/ProclamationsIndex.html

I VIST QUE en l'exercici d'aquesta usurpació, han imprès i fet difondre documents, sermons, circulars i proclames traïdores i subversives, concebudes amb el fi de destorbar i dividir la lleialtat dels meus súbdits;
I VIST QUE, ha arribat al meu coneixement que certes proclames i ordres sedicioses s'han distribuït entre els més lleials dels meus agents i súbdits, de les quals, la següent és una còpia:

OFICINA WELLS, FARGO & CO
San Francisco, 4 de juliol de 1868

ALS NOSTRES AGENTS
C. Averill, antic empleat de proa i darrerament missatge a les nostres oficines de la costa de Mèxic, ha deixat la nostra empresa i ha marxat a la *Pacific Union Express Company*
Vostès l'han de tractar com qualsevol altre empleat d'una companyia de la competència
CHARLES E. McLane
Agent General"
ARA, PER TANT, Jo, l'Emperador Norton I, ordeno amb aquest decret que no es faci cap mena de cas a proclamacions promulgades per Pretendents a la meva autoritat, competència i Reial posició.
I QUEDA A MÉS ORDENAT que qualsevol violació d'aquesta ordre m'hagi de ser comunicada, per tal que jo pugui declarar el culpable proscrit del meu regne[11]"
Norton I emperador

Vers el 4 de juliol de 1868

Malgrat els prejudicis d'alguns historiadors i analistes polítics, l'Imperi de Norton I, tot i basar-se en un concepte en aparença arcaic com ho és l'origen diví del poder, rebutjat pels pensadors il·lustrats d'Europa i Amèrica durant el segle XVIII, era un sistema obert a la modernitat i al progrés.
El 1849, Rufus Porter, un articulista de la revista *Scientific American* va anunciar als diaris de Nova York el disseny dels plànols d'una *Loco-*

---

11   http://www.emperornorton.org/1024/ProclamationsIndex.html

motora Aèria, una espècie de dirigible amb un motor de vapor, capaç de transportar entre cinquanta i cent passatgers fins a Califòrnia. El primer a intentar volar a San Francisco fou un professor anomenat Wilson que, tal com ho explicà el *Herald* del 17 de novembre de 1856, va aconseguir viatjar un quilòmetre i mig en globus. Fred Marriot, editor del *Weekly News-Letter* va creure possible dur a la pràctica la Locomotora Aèria de Rufus Porter; per això, amb el suport financer d'Andrew Hallidie, va constituir la Companyia de Navegació Aèria a Vapor per construir el seu dirigible que denominà *Avitor*, del qual se'n féu el primer assaig, totalment exitós, el 2 de juliol de 1869 al Parc de Sheilmound, una pista a prop d'Oakland, en presència només de periodistes. Aquest primer vol de l'*Avitor* fou no tripulat; Marriot confiava que un cop aconseguís transportar-hi passatgers, aviat aconseguiria finançament per fabricar el seu dirigible a vapor en sèrie. Malgrat que els diaris en van parlar molt, els financers i especuladors del carrer Montgomery no es van decidir pas a invertir en la Companyia de Navegació Aèria a Vapor[12]. Per això, Sa Majestat Imperial va haver de menar una política intervencionista, plasmada en aquest decret:

> "Vist que, nós Norton I, *Dei Gratia* Emperador dels Estats Units i Protector de Mèxic, ens preocupem per la fama futura i l'honor dels residents de San Francisco, amb aquest decret ordenem a tots els nostres bons i lleials súbdits proporcionar els mitjans necessaris, esforçar-se al màxim i avançar diners per tal que la màquina aèria del senyor Marriot resulti un èxit.
> Donat a San Francisco (Califòrnia), aquest dia de 25 de juliol de l'any del senyor de 1869, el dissetè del nostre regnat[13]".

Tanmateix, el desig de Sa Majestat Imperial de fer de San Francisco una ciutat pionera en la navegació aèria es veieren frustrats; Marriot va anunciar un vol tripulat de l'*Avitor* per al dia 14 d'agost, que no es va poder dur a terme perquè la nit anterior, la nau va incendiar-se accidentalment perquè algú s'hi havia acostat amb un llumí encès. Examinant el text del decret imperial del 25 de juliol de 1869 sobta que Norton I considerés l'any 1869 com "el dissetè del nostre regnat";

---

12   DRURY, William. *Norton I, Emperor of the United States*, New York, Dodd, Mead, 1986
      http://www.emperornorton.net/norton-drury.txt
13   *He Supports a Pioneer Aviator* http://www.notfrisco.com/nortoniana/

com és de tothom sabut, Sa Majestat Imperial va proclamar l'Imperi el 1859, el 1852 als EUA encara es mantenia vigent l'antic sistema republicà. Potser es tracta d'un error d'algun escrivà de la Cort.

El 12 d'agost de 1869, Sa Majestat Imperial va prendre una decisió transcendental: declarar abolits tant el Partit Demòcrata com el Partit Republicà; d'aquesta manera l'Imperi no es veuria pas afectat per les disputes polítiques que havien marcat la història de la República; el decret establia una pena de privació de llibertat i de presó d'entre cinc i deu anys per als qui desobeïssin aquest decret. Heu-ne ací el text:

"Norton I, *Dei Gratia*, Emperador dels Estats Units i Protector de Mèxic, desitjós d'apaivagar les dissensions provocades per les disputes dels partits existents dins del nostre regne, amb aquest decret dissolem i abolim els partits Demòcrata i Republicà, i, a més, decretem privació de llibertat i empresonament, per un màxim de deu anys i un mínim de cinc, per a totes aquelles persones que violin aquest decret imperial. Norton I
A San Francisco, Califòrnia, el dia d'avui 12 d'agost de l'any del senyor de 1869[14]".

L'Imperi va dur la prosperitat; d'ençà de la fi de la República, la població dels EUA va créixer contínuament a causa de l'arribada contínua d'immigrants europeus, la qual cosa va permetre dur a terme la colonització de l'Oest; per altra banda, es va afirmar i consolidar la industrialització. Un element clau en el progrés de l'Imperi foren els ferrocarrils; el 1862, començaren a construir-se els que, a partir de 1869, unirien la vall del Mississipí amb la costa del Pacífic. Tanmateix, el 1869, a causa d'un error en els canvis d'agulles, dos trens van topar frontalment. Per això, Norton I va decretar que el canvi d'agulles dels trens havia d'aplicar un sistema totalment mecànic que l'emperador mateix havia inventat. Aquest nou tipus de canvi d'agulles, a més d'evitar nous accidents, seria un invent tan innovador que Europa aviat pagaria als Estats Units per la patent. Tanmateix, com que el primer banc nacional va tenir la gosadia de negar-se a avançar cent dòlars per pagar un d'aquests canvis d'agulles, Sa Majestat Imperial va haver de decretar l'embargament d'aquest banc l'octubre de 1869:

---

14   http://www.emperornorton.org/1024/ProclamationsIndex.html

"VIST QUE, el Primer Banc Nacional ha rebutjat abonar-nos un petit xec per 100 dòlars, per pagar el valor d'un model del Canvi d'agulles automàtic inventat per nós, carregant-ho així a la nostra fortuna particular:

I, VIST QUE, és públicament sabut que un o dos dels Directors tenen grans quantitats dipositades pertanyents al nostre patrimoni; ARA, PER TANT, nós, Norton I, Emperador dels Estats Units i Protector de Mèxic, amb aquest edicte decretem la confiscació per l'Estat de tots els interessos de l'esmentat Banc, com a garantia per qualsevol pèrdua que puguem patir per raó dels seus actes.

Norton I[15]"

La negativa del banc a avançar els cent dòlars sol·licitats per Sa Majestat Imperial era una de les més vils fellonies que es poguessin cometre; no sols s'atrevien a contrariar la suprema autoritat de l'Emperador, sinó que, a més, destorbaven el progrés impedint la construcció d'un invent necessari per salvar vides; tal com ho havia anunciat *The Mining and Scientific Press* una revista de força prestigi a l'Institut de Mecànica de San Francisco, que gaudia del privilegi de poder comptar Sa Majestat Imperial entre els seus socis, "L'Emperador Norton ha inventat un canvi d'agulles automàtic, un model del qual s'està construint. Consisteix en una nova aplicació d'una molla espiral o el·líptica, accionada mitjançant el pes del tren quan passa, amb la qual, el canvi d'agulles s'obre o es tanca segons convingui. Amb patent sol·licitada[16]".

El 15 de desembre de 1869, Norton I va viatjar a Sacramento, la capital administrativa de Califòrnia, per rebre el seu tribut anual de la cambra legislativa i dels grups de pressió. Sa Majestat Imperial va inspeccionar el nou capitoli durant la cerimònia de gala per celebrar la inauguració de l'edifici[17]; com que cap acció pública, per poc important que pogués semblar, quedava fora de les atribucions de Sa Majestat Imperial, el 16 de desembre de 1869 l'Emperador va ordenar als responsables municipals de Sacramento que fessin el favor de netejar els carrers de la ciutat, plens de fang, i d'instal·lar llums de gas en els carrers que duguessin al capitoli.

---

15   *He Forecloses on a Bank* http://www.notfrisco.com/nortoniana/

16   DRURY, William. *Norton I, Emperor of the United States*, New York, Dodd, Mead, 1986 http://www.emperornorton.net/norton-drury.txt

17   http://www.emperornorton.org/1024/ProclamationsIndex.html

Vers 1870, malgrat la bona conjuntura econòmica, el sistema financer patia algunes disfuncions que posaven en perill els estalvis dels súbdits de l'Imperi, per això, va ser promulgat el següent decret imperial:

"Nós, Norton I, per la Gràcia de Déu Emperador dels Estats Units i Protector de Mèxic, havent tingut coneixement de les deplorables condicions en què es troben les finances i desitjant per sobre de tot alleugerir els patiments i proporcionar a tot el nostre poble una ferma seguretat per als seus estalvis, hem ordenat l'emissió de Certificats del Tresor garantits per tota la propietat de l'Imperi, i que seran pagats de la meva fortuna privada si fos necessari, sobre els quals decreto que siguin acceptats a tot arreu amb el mateix valor que la moneda d'or o que el paper moneda del Regne. En el nom de Déu. Amén[18]".

Amb la instauració de l'Imperi, perderen els americans les llibertats públiques, especialment la llibertat d'expressió, garantides per l'antiga constitució republicana? Per contestar a aquesta pregunta, hem de fixar-nos en la resposta que Sa Majestat Imperial donà a un comentari periodístic força desafortunat i de mal gust. En una subhasta pública celebrada a la Fira Francesa, per recollir fons amb el propòsit de destinar-los a obres de caritat, Sa Majestat Imperial, en mostra del seu magnànim caràcter, va cedir-hi un dels seus Bons de l'Imperi que, amb un valor nominal, de cinquanta cèntims, acabà sent adjudicat per cent cinquanta dòlars. En donar la notícia d'aquest fet, tots els diaris de San Francisco mantingueren la correcció necessària, excepte el *Chronicle*, on hi aparegué aquest abominable text:

"L'Emperador Norton I, el gorrista privilegiat de San Francisco, volent col·laborar amb el seu gra de sorra a una bona causa, va donar un xec del seu banquer privat per 1.000.000 $. Sa Alta Potestat deuria confiar que es vendria per almenys cinquanta milions de dòlars; però ... el xec va haver de sotmetre's a una petita afaitada, proporcionant només la moderada suma de 50$[19]"

---

18 *He Issues Imperial Bonds* http://www.notfrisco.com/nortoniana/
19 DRURY, William. *Norton I, Emperor of the United States*, New York, Dodd, Mead, 1986 http://www.emperornorton.net/norton-drury.txt

No considerem pas que valgui la pena perdre el temps comentant un paràgraf tan repugnant com aquest, que, per les seves gravíssimes inexactituds mostra que, segurament, el seu autor ni tan sols deuria estar present en la subhasta. L'únic fet que cal recordar de tota aquesta dissortada història és la resposta que Sa Majestat va publicar a la seva Gaseta Imperial, el diari *Pacific Appeal*:

> VIST QUE, el *Chronicle* del darrer diumenge, en la informació sobre els esdeveniments de dissabte a la tarda a la fira francesa celebrada al Pavelló, es referí personalment a nós com "el dròpol privilegiat de San Francisco" proferint informacions falses sobre el valor dels nostres bons nacionals, esperant d'aquesta manera ofendre la nostra persona i evitar la venda dels bons.
> ARA, PER TANT, nós promulguem aquest decret per corregir l'errònia impressió que el *Chronicle* va intentar crear. Els nostres bons es vengueren amb un benefici de cent cinquanta dòlars, que el comprador va donar generosament a la Fira. Pel que fa als insults que ens adreça el *Chronicle*, consideraríem aquests atacs massa menyspreables i els deixaríem més enllà del nostre coneixement, si no fos per la insidiosa política de la premsa que, amb algunes honorables excepcions, està minant el nostre govern[20].

Com pot veure's, doncs, el *Chronicle* de San Francisco havia insultat Sa Majestat Imperial d'una manera que, legítimament, podria considerar-se delicte de lesa majestat; ara bé, Norton I va limitar-se a promulgar un decret rectificant el diari. Què hauria passat a Viena amb un diari que hagués gosat escarnir Francesc Josep I en els mateixos termes que el *Chronicle* ho havia fet amb Norton I? O, fins i tot, amb un diari britànic irreverent amb la reina Victòria? Per no dir què hauria fet el govern de l'Imperi Rus amb el responsable d'una publicació que hagués gosat ofendre el Tsar. Així doncs, malgrat haver establert una monarquia absoluta de dret diví, Norton I resultava ser més tolerant amb els mitjans que els seus súbdits usaven per expressar les seves opinions que d'altres sobirans de l'època, malgrat que alguns d'aquests es donessin un vernís liberal. Queda clar, per tant, que amb la instauració de l'Imperi, els americans no van perdre pas el dret a l'exercici de la llibertat d'expressió.

---

20   *He Corrects a Newspaper Error* http://www.notfrisco.com/nortoniana/

La preocupació per la imatge de la Majestat Imperial, que, el 1862, havia dut a la promulgació del decret sobre el proveïment de roba adient a l'alta autoritat de l'Emperador, torna a aparèixer de nou en aquest decret datat a 21 de setembre de 1870:

"VIST QUE, els nostres amics i partidaris estan descontents perquè nós no gaudim d'un allotjament millor i sostenen que nós ja fa anys que hauríem de disposar d'un palau adient
VIST QUE, l'actitud deslleial d'alguns empresaris hotelers d'aquesta ciutat [San Francisco] és el que ens ha impedit de disposar d'habitacions decents per a la nostra residència, per la qual cosa nós no hem pogut administrar la nostra família en ordre
ARA, PER TANT nós amb aquest decret ordenem als propietaris del Gran Hotel de proporcionar-nos habitacions immediatament, sota pena de ser declarats proscrits[21]".

Malgrat tot, entre els responsables del Gran Hotel de San Francisco deuria continuar havent-hi traïdors i sediciosos ja que, dos anys després, Sa Majestat Imperial va haver de veure's en la necessitat de promulgar aquest decret:

"Vist que, el Gran Hotel, on fins ara hi ha hagut els nostres quarters generals, es troba en rebel·lió, nós, Norton I, amb aquesta proclama ordenem a les companyies de l'aigua d'interrompre'ls el subministrament, i a la Companyia del Gas que no li proporcioni llum, per tal de forçar-los a avenir-se a raons[22]".

Tot i haver d'enfrontar-se a aquesta mena de problemes domèstics, Sa Majestat Imperial concedia molta importància a les relacions exteriors, tal com pot veure's en la promulgació d'aquest decret el 1870:

Nos, Norton I, Emperador dels Estats Units d'Amèrica i Protector de Mèxic, ordenem amb aquest decret que durant una setmana a partir d'ara mateix, el poble festegi i dediqui pregàries d'acció de gràcies, perquè el Déu dels Exèrcits, en la Seva Majestat i Saviesa,

21   He Demands Rooms at the Grand Hotel http://www.notfrisco.com/nortoniana/
22   He Orders A Rebellion Put Down http://www.notfrisco.com/nortoniana/

ha concedit gran força a les armes dels nostres amics i cosins de sang els prussians i els ha dut cap a una immortal victòria per a la major glòria de Déu i de la Germandat Universal dels Homes. *In hoc signo vinces*[23].

Segurament, Norton I va jutjar beneficiosa per als Estats Units —i també per a Mèxic— la victòria de Prússia a la Guerra Franco-Prussiana que va dur a la proclamació de l'Imperi Alemany a Versalles pel rei Guillem I de Prússia el 1871. Després d'aquesta desfeta, a França, el 1870 Napoleó III fou destronat i es proclamà la III República; segurament, arran de la intervenció de Napoleó III a Mèxic, Norton I no lamentà pas la fi del II Imperi Francès.

L'Imperi s'havia proclamat per tal de redreçar la vida pública dels americans, posant fi a les corrupcions i enganys dels polítics, els quals, durant la República, s'aprofitaven del ciutadà fent-li creure que, mitjançant el sufragi, podia controlar els seus governants. Ara bé, almenys en part, aquesta maldat havia sobreviscut a la República i, per això, Norton I, tot i estar ja consolidat l'Imperi, hi havia de lluitar incansablement, tal com va esdevenir-se amb l'afer de l'explotació de l'aigua de la vall de Spring:

> "El contribuent pateix ara els efectes del sufragi universal i del vot a l'americana; i vist que el sistema fraudulent engendrat pels polítics no pot proporcionar al contribuent la seva pro-rata dels beneficis
> ARA PER TANT, Nós Norton I, Deo Gratias, prohibim amb aquesta proclama als membres de la Comissió de l'Aigua que signin el projecte de llei sobre l'aigua de la Vall de Spring sota pena de decapitació fins que s'adopti un sistema més ferm.
> Donat i segellat per nós
> 1872[24]"

Ara bé, la lluita contra la corrupció en els càrrecs públics va haver d'anar força més enllà de paralitzar el projecte de l'aigua de la Vall de Spring; per això, Sa Majestat Imperial va haver d'acabar prenent aquesta dràstica mesura:

---

23   http://www.emperornorton.org/1024/ProclamationsIndex.html
24   *He Blocks Spring Valley Water* http://www.notfrisco.com/nortoniana/

"Els funcionaris públics han traït de nou la confiança que hi ha dipositat un poble confiat i, d'una manera vergonyosa, han descurat l'interès públic i el benestar de la gent per tal de mirar només per ells mateixos; ara, per tant, Nós, Norton I, Emperador d'Amèrica[25] i Protector de Mèxic, amb aquesta proclama ordenem que tots els funcionaris públics dimiteixin immediatament i declarem els seus càrrecs vacants a partir d'ara[26]".

A la ciutat de San Francisco li havia correspost l'honor d'esdevenir la capital de l'Imperi pel fet d'acollir Norton I; per tant, Sa Majestat Imperial es considerava en el deure de protegir la bona imatge de la ciutat i del seu nom. Quan el ferrocarril va arribar a la costa del Pacífic, el codi que els ferroviaris posaven un paquet o càrrega amb destí cap a San Francisco era FRISCO (SFO avui dia). Per això, molts turistes van agafar el mal costum d'anomenar *Frisco* la capital de l'Imperi; en conseqüència l'emperador va haver de promulgar aquest decret[27]:

"Qualsevol persona a qui, després d'haver-li donat l'avís corresponent i degut, se la senti pronunciar l'abominable paraula Frisco, que no té valor lingüístic ni de cap mena, serà considerada culpable d'una Falta Greu, i haurà de pagar al Tresor Imperial com a multa la suma de vint-i-cinc dòlars. 1872[28]"

El 23 de març de 1872, Sa Majestat Imperial va promulgar un important decret que, avui dia, proporciona la clau per comprendre l'obra del seu regnat:

"Quedat decretat i ordenat de dur a la pràctica tan aviat com resulti convenient les següents actuacions:

I. Que sigui construït un pont de suspensió des d'Oakland Point fins a Goat Island, i, aleshores, cap a Telegraph Hill;

---

25 En anglès, el mot *America* acostuma a usar-se com a nom dels EUA mentre que per referir-se al conjunt del continent americà es fa servir el nom *The Americas*

26 *He Fires All Public Officials* http://www.notfrisco.com/nortoniana/

27 DRURY, William. *Norton I, Emperor of the United States*, New York, Dodd, Mead, 1986 http://www.emperornorton.net/norton-drury.txt

28 *He Bans the F-Word* http://www.notfrisco.com/nortoniana/

cal construir aquest pont sense perjudici per a les aigües
navegables de la Badia de San Francisco

II. Que es concedeixin préstecs a la Companyia de Ferrocarrils del Pacífic Central per tal que construeixi vies i carrils des de Telegraph Hill cap a Mission Bay a través de tota la ciutat

III. Que tots els actes del govern de Washington posteriors a l'establiment del nostre Imperi siguin declarats nuls i sense valor a no ser que hi aparegui la nostra signatura[29]"

Als articles I i II d'aquest decret hi trobem de nou la política modernitzadora aplicada per Norton I a l'Imperi, que ja s'havia manifestat anteriorment, el 1869, amb el suport als assaigs de la màquina aèria així com en la invenció del sistema automàtic de canvi d'agulles; evidentment, la construcció del pont en suspensió ordenada per Sa Majestat Imperial convertiria San Francisco en un dels punts estratègics de tota la costa del Pacífic, posant fi als temors de molts que Oakland, la terminal de la línia ferroviària transcontinental que unia els Estats Units de costa a costa, acabés eclipsant San Francisco com a principal ciutat de l'Oest[30]. Per això, com que establir una connexió amb Oakland era una qüestió vital per als interessos de San Francisco, pocs mesos després, el 17 de setembre, Norton I va ordenar una investigació per esbrinar quin era el millor sistema per establir aquesta connexió, si un pont o bé un túnel; aquest decret també incloïa una ordre d'arrest contra els supervisors de les obres per haver ignorat els seus decrets:

> "VIST QUE, nós vam promulgar el nostre decret ordenant als ciutadans de San Francisco i d'Oakland de proporcionar capitals per fer estudis sobre la construcció d'un pont de suspensió des d'Oakland Pont via Goat Island, així com també per a la possible construcció d'un túnel, per tal d'establir quin és el millor projecte; i VIST QUE els dits ciutadans han negligit fins ara d'obeir el nostre esmentat decret; i
> VIST QUE nós estem determinat a fer respectar completament la nostra autoritat

---

29   *He Calls for a Bridge (Again)* http://www.notfrisco.com/nortoniana/
30   MOYLAN, Peter: *Emperor Norton* http://www.sfhistoryencyclopedia.com/articles/n/ nortonJoshua.html

ARA, PER TANT nós amb aquest decret ordenem l'arrest per l'exèrcit dels responsables municipals si persisteixen a negligir els nostres decrets
Donada sota el nostre segell reial a San Francisco, el dia d'avui 17 de setembre de 1872[31]"

En l'article III, hi podem apreciar un cert matís de canvi constitucional en l'Imperi; Norton I havia començat el seu regnat abolint el Congrés, per la qual cosa el 1859 havia donat ordre al general Scott d'apoderar-se de Washington i desallotjar-hi la Cambra de Representants i el Senat; ara bé, al cap de tretze anys de regnat, Sa Majestat Imperial abandonà la idea d'abolir totes les institucions polítiques americanes anteriors a l'Imperi i es limità a atorgar-los una participació, subordinada òbviament a l'autoritat sobirana de l'Emperador, en el govern del nou règim. Així doncs, l'imperi de Norton I (1859-1880) als EUA seguí una evolució semblant al de Napoleó III a França (1852-1870), qui, en assolir la dignitat imperial va abolir totes les institucions republicanes i seguí una política autoritària, mentre que, posteriorment, va moderar el seu absolutisme; per això, els historiadors divideixen el regnat de Napoleó III a França en imperi autoritari (1852-1860) i imperi liberal (1860-1870). Certament, en l'estudi del regnat de Norton I als EUA, aquest decret de 1872 també podria servir com a línia divisòria entre un període autoritari i un altre de liberal.

Per dur a terme la seva política de modernització i progrés, l'Imperi necessitava disposar de recursos econòmics. Per això, Norton I va decretar que:

"Vist que un terç dels interessos de la Central Pacific Railroad els tenim en custòdia en nom del president Leland Stanford, i vist que és necessari per tal de proporcionar crèdit i prestigi al nostre Imperi que nós adquirim la possessió absoluta d'aquest interès; ara, per tant, nós amb aquest decret ordenem al senyor Stanford de cedir-nos-en la propietat, evitant així els problemes dels procediments legals.
1872[32]"

---

31   *He Calls for A Bridge (Yet Again)* http://www.notfrisco.com/nortoniana/
32   *He Demands His Share of the Octopus* http://www.notfrisco.com/nortoniana/

Norton I sempre va trobar temps per ocupar-se de qüestions alienes a l'alta política però que afectaven de ple els súbdits de l'Imperi, en especial els més humils. El dia 1 d'agost de 1873, Andrew Hallidie va provar un nou prototipus de tramvia que havia inventat; mentre els vagons van circular buits, l'assaig fou un èxit, ara bé, quan hi va pujar un grup de seixanta persones el tramvia va descarrilar. En conèixer aquest fet, Sa Majestat Imperial en persona va inspeccionar els vagons accidentats i, acte seguit, promulgà el següent decret:

> "Vist que hem estat informat que els cargols dels rails del tramvia de Clay Street no són prou forts, la qual cosa posa en perill la vida dels passatgers. Ara, per tant, amb aquest decret els directors de la companyia reben ordre d'investigar quines precaucions cal prendre per fer el viatge en aquest rail del tot segur usant uns cargols que, com a mínim, facin vint-i-quatre polzades de diàmetre. Agost 1873[33]"

Com ja hem vist abans, malgrat haver instaurat una monarquia absoluta de dret diví, Norton I permetia l'existència d'una premsa lliure. Ara bé, aquesta tolerància comportava certs inconvenients i Sa Majestat Imperial va posar-hi remei amb aquest decret:

> "VIST QUE, apareixen contínuament rumors que l'Emperador ha rebut un telegrama, o que ha fet això o allò, i, quan s'investiga, resulta que el rumor no tenia pas cap fonament
> VIST QUE nós estem ansiós per evitar enganys i per impedir que cap impostor no faci ús de la nostra autoritat
> SAPIGUEU, PER TANT, tots aquells a qui pugui concernir, que cap acció no és legal a no ser que dugui la nostra imperial signatura. 1872[34]"

Certs corrents filosòfics materialistes, com és el cas del marxisme, consideren els fets de la història sempre com a resultat de la contraposició d'interessos econòmics entre diferents sectors de la societat; per això concedeixen a un fet espiritual com ho és la religió un paper marginal en l'explicació de l'evolució de les societats humanes. Per

---

33   He Orders Repairs to Cable Cars http://www.notfrisco.com/nortoniana/
34   He Cautions Against False Reports http://www.notfrisco.com/nortoniana/

la seva banda, però, Norton I sempre va veure clar que aquesta visió materialista no era pas la correcta, d'ací el seu interès per qüestions religioses. Potser aquesta contraposició amb les tesis del materialisme explica el fet que Karl Marx (1818-1883) no parlés mai en les seves obres de Norton I; segurament, la instauració de l'Imperi als EUA era un fet que Marx es veia incapaç de fer encaixar en el mètode dialèctic del materialisme històric. El Reverend doctor Horatio Stebbins (1821-1902), pastor de la Primera Església Unitària, gaudia del favor i de l'admiració de Sa Majestat Imperial; el Dr Stebbins predicava la sàvia doctrina de la Raó i de la Tolerància amb la qual esperava unificar totes les esglésies cristianes en una de sola. Aquestes doctrines no eren ben bé dels de l'Emperador però podien ser enteses com un precedent, ocupant així el Reverend Stebbins el lloc de precursor en la gran reforma religiosa de Norton I: establir una única Església on catòlics, protestants i jueus poguessin pregar junts sense que els uns es consideressin més propers a Déu que els altres; d'aquesta manera s'arribaria a una fraternitat ecumènica universal. La política religiosa de Norton I, comparable a la que menà l'emperador Constantí a Roma, es manifestà aviat perquè San Francisco, la capital de l'Imperi, es veia sacsejada per una querella religiosa. Actuant d'una manera sectària, situada a les antípodes de la política imperial en matèria de cultes, l'Ajuntament de San Francisco havia prohibit a les botigues obrir en diumenge, però, en canvi, els permetia treballar en dissabte, la festa jueva[35]. Això perjudicava els súbdits jueus de l'Imperi que, per mandat religiós, havien de tancar el dissabte i, per ordre de l'Ajuntament, en diumenge, mentre que els súbdits cristians només tenien un dia de prohibició de treballar. L'Emperador va resoldre aquest greu conflicte abolint l'ordenança municipal sectària amb aquest decret imperial:

"VIST QUE és la nostra intenció esforçar-nos a introduir certs canvis en la doctrina de l'Església, amb els quals la fe Cristiana i la fe Hebrea quedin unides; i també s'americanitzin les esglésies estrangeres;
ARA PER TANT, nós, Norton I, Emperador [etc], prohibim l'aplicació de la Llei del Diumenge fins que el nostre objectiu s'hagi assolit i quedi establert un sol Diumenge.

---

35   DRURY, William. *Norton I, Emperor of the United States*, New York, Dodd, Mead, 1986
      http://www.emperornorton.net/norton-drury.txt

1870[36]"

Quan les religions cristiana i jueva s'haguessin unit, tal com es proposava aconseguir-ho Sa Majestat Imperial, s'establiria un dia de descans obligatori per a tothom; mentrestant, però, s'abolia la llei que prohibia els botiguers jueus d'obrir en diumenge.

El Reverend Stebbins no considerava pas la Bíblia com un llibre infal·lible; aquest error duia a substituir Déu pel llibre; a la Bíblia hi podem trobar història, literatura, religió, dret, etc, però també hi ha falsedats que cal esmenar o esporgar[37]. La ciència teològica del Reverend Stebbins constituïa la base doctrinal del projecte religiós de l'Emperador de corregir o, fins i tot, suprimir, aquells passatges de la Bíblia que resultessin contraris al seu objectiu d'unificar les religions cristiana i jueva. Aquesta imperial voluntat quedà expressada en el següent decret:

"VIST QUE, s'esdevenen greus commocions a diferents indrets del globus terrestre, les quals sorgeixen arran de discutir sobre la qüestió "la purificació de la Bíblia, les seves vertaderes i falses llums", la qual cosa engendra temors que una guerra pot esclatar en algun lloc remot i estendre's a tot arreu del món, portant en els revolts del seu desenvolupament mort, pesta, fam, devastació i ruïna;

VIST QUE aquesta mena de situació és deplorable per a tots els cristians amb una mentalitat liberal que rebutgen el fanatisme, la xerrameca i la hipocresia, i que segueixen la màxima d'or del malaguanyat Lincoln "A ningú amb malícia, a tots amb caritat";

I VIST QUE, la Religió és com un bell jardí, on les Falses Llums poden ser comparades amb els gallarets que cauen a terra, es panseixen i ja deixen de ser, mentre que les Vertaderes Llums floreixen en un etern eterialisme, beneint per sempre el Creador i la Cristiandat pel seu Amor i Veritat

ARA, PER TANT, nós, Norton I [etc] manem amb aquest decret que totes les comunitats elegeixin delegats per a la Convenció Bíblica que es reunirà a la ciutat de San Francisco, Estat de Cali-

---

36   *He Calls for Religious Unity* http://www.notfrisco.com/nortoniana/
37   DRURY, William. *Norton I, Emperor of the United States*, New York, Dodd, Mead, 1986
      http://www.emperornorton.net/norton-drury.txt

fòrnia EUA, el segon dia de gener de 1873, amb el propòsit d'eliminar tots els passatges dubtosos que apareixen a l'actual edició impresa de la Bíblia, i de decidir quines mesures cal adoptar per assolir la desaparició de totes les sectes religioses i l'establiment d'una Religió Universal 1872[38]"

Amb aquest desig d'establir una religió universal, malgrat que aquesta hagi de sortir del consens assolit per delegats de diferents comunitats participant en una convenció bíblica, Norton I adoptava una actitud del tot contraposada a la dels fundadors del règim republicà dels Estats Units durant la Guerra de la Independència (1776-1783) de considerar la religió com un afer individual en què l'Estat no hi havia pas d'intervenir, idea expressada en diferents ocasions per Thomas Jefferson. Ara bé, Norton I aspirava a establir una Religió Universal per tal de mantenir la pau al món i no pas únicament als Estats Units; segurament, aquesta idea podria resultar vàlida en el nostre món convuls d'avui dia; l'horror que sentia per la Guerra el convertia en un cas únic entre els governants del seu temps. Finalment, no podem estar-nos de mencionar la valoració positiva que l'Emperador féu d'Abraham Lincoln malgrat que aquest polític havia assumit el càrrec de President dels EUA el 1861, quan la República ja havia estat abolida. De fet, durant la Guerra Civil dels EUA (1861-1865), Norton I va oferir-se al president Lincoln per actuar com a mitjancer entre els dos bàndols enfrontats, però la Casa Blanca va rebutjar —educadament— l'oferta de Sa Majestat Imperial[39], qui, mentre va durar la conflagració, vestia, alternativament, un uniforme blau i un altre de gris per expressar el seu suport tant a la Unió (el nord) com a la Confederació (el sud)[40].

Novament, Sa Majestat Imperial va haver de defensar les seves prerrogatives davant d'accions de lesa majestat. Així, el 1872, es va veure en la necessitat de promulgar aquest edicte:

"VIST QUE, els directors de la *Central Pacific RailRoad* són culpables d'insurrecció i rebel·lió contra la nostra personal prerrogativa i dignitat permetent als seus empleats de cobrar-nos per fer us

38 *He Calls for One Religion* http://www.notfrisco.com/nortoniana/
39 Leather, Tony *America's Last Emperor* https://web.archive.org/web/20090721101949/ http://www.kudzumonthly.com/kudzu/mar02/Emperor.html
40 *Abraham Joshua Norton* http://home.swipnet.se/~w-40977/coolpeople/norton.html

del seu ferrocarril; i el senyor Stanford és culpable de frau per prendre possessió il·legalment dels nostres interessos i rebutjant de retre-nos-en comptes

ARA PER TANT, nós, Norton I ordenem amb aquest edicte al nostre amic personal, l'honorable senyor Luttrell de Siskiyou, de començar ara mateix el procés d'*impeachment* per obligar-lo a restituir-nos els nostres drets[41]".

Naturalment, els ferrocarrils de l'Imperi Britànic no feien pas pagar bitllet a Sa Graciosa Majestat la reina Victòria.

Les qüestions d'imatge lligades a la litúrgia del poder imperial apareixen de nou en aquest decret:

"Vist que és la nostra intenció de prendre una Emperadriu, i tenint en compte les visites per part de la Reialesa a l'estranger, nós, Norton I, *Dei Gratia* Emperador dels Estats Units i Protector de Mèxic, ordenem amb aquest decret que els constructors de l'Hotel Palace dediquin una part de la seva construcció a la nostra Residència Imperial, per fer-la digna d'una gran i esperançada nació. 1875[42]"

La intenció de Sa Majestat de contraure matrimoni ja s'havia entrevist en l'edicte imperial del 21 de setembre de 1870, en què l'Emperador reclamava un allotjament adient per poder "administrar la nostra família en ordre". Òbviament, una boda imperial, reial o principesca no és pas un afer personal privat ja que un esdeveniment d'aquesta mena incideix plenament en la vida política de l'imperi, regne o principat que regeixi aquell monarca. En conseqüència, als diaris de San Francisco, la capital de l'Imperi dels EUA, fou un tema de cabdal importància intentar esbrinar quina podria ser la imperial consort de Sa Majestat. La hipòtesi que prengué més cos fou que l'Emperador dels Estats Units pensava casar-se amb Sa Graciosa Majestat la reina Victòria del Regne Unit de Gran Bretanya i d'Irlanda, vídua del príncep Albert de Saxònia-Coburg, mort el 1861; segons va afirmar-ho el *Chronicle* aquesta possibilitat causava un certa inquietud; tenint en

---

41   He Impeaches $tealin £andford http://www.notfrisco.com/nortoniana/

42   He Announces His Intention to Marry http://www.notfrisco.com/nortoniana/

compte la posició hegemònica de l'Imperi Britànic en l'escena internacional, el matrimoni entre l'Emperador Norton I dels EUA i la reina Victòria del Regne Unit podia portar a la submissió dels Estats Units a la Gran Bretanya, semblant a la dels temps colonials, superats per la Declaració d'Independència de 1776. Per això, el *Call* suggeria una millor candidata: Sa Majestat Carlota, ex-emperadriu de Mèxic, vídua de Maximilià; contraient matrimoni amb Norton I, podria superar la greu depressió que patia després de l'afusellament del seu marit a Querétaro el 1867. En aquestes circumstàncies, van ser emesos uns Bons de l'Imperi on, a més de la Imperial Efígie, hi apareixia una imatge de dona que s'assemblava molt —potser massa i tot— a Nellie Cole, la primera actriu del show de varietats del teatre *Bella Union*, coneguda també com a Lady Paó per les plomes amb què sortia a l'escenari. Possiblement per això, al teatre *Bella Union* es va arribar a anunciar un espectacle de revista, protagonitzat per *Sa Majestat la Reina Cole* (sic). Aquest abús va provocar la Imperial Ira, que dugué l'Emperador a retirar de la circulació aquells Bons de l'Imperi[43].

Un dels senyals de la prosperitat de l'Imperi, que, naturalment, cal atribuir a la sàvia i eficaç acció política de Sa Majestat Imperial, era la contínua afluència d'immigrants, gent que abandonava el seu país de naixement per trobar un futur millor a la terra de les oportunitats per a tothom: l'Imperi dels Estats Units d'Amèrica. Naturalment, el desig últim de tots els immigrants era esdevenir lleials súbdits de l'Emperador; per això, d'una manera molt intel·ligent, Norton I va promulgar la següent proclama:

"En vista que un gran nombre d'immigrants arriba a aquesta ciutat, desitjant que siguin assistits i protegits, nós, Norton I, emperador, etc.
ORDENEM amb aquesta proclama que el Pavelló de l'Edifici dels Mecànics sigui preparat immediatament per rebre'ls i poder-los atendre sense que siguin esquilats per la rapacitat dels terratinents. El tresorer de l'Estat rep l'encàrrec de procurar que els immigrants rebin prou diners per arribar a les seves destinacions respectives; aquests diners s'han de carregar al fons de l'emigració; cal cobrar

---

43   DRURY, William. *Norton I, Emperor of the United States*, New York, Dodd, Mead, 1986
      http://www.emperornorton.net/norton-drury.txt

bons als esmentats immigrants per al reembossament d'aquests diners quan els immigrants tinguin capacitat de pagar-ne.

Donat a la nostra ciutat de San Francisco, el dia d'avui 21 d'abril de 1875[44]"

Un tema de tanta importància com l'ajuda als immigrants no va distreure pas Sa Majestat Imperial d'atendre una altra qüestió també cabdal com ho són les relacions exteriors. Així, l'Emperador féu publicar al *Star*, el rotatiu de més tirada de San Francisco, aquesta proclama:

"VIST QUE un vaixell de guerra pertanyent al nostre amic l'emperador del Japó es troba de visita al nostre port i vist que nós desitgem ser cortès amb els estrangers;
ARA, PER TANT nós, Norton I, Dei Gratia emperador, ordenem amb aquesta proclama a tothom a mostrar-se atents amb els oficials i la tripulació, perquè així se'n beneficiï el comerç
NORTON I
Donat sota el nostre segell reial, el dia d'avui 23 de desembre de 1875[45]"

Un dels trets definitoris de la política exterior de Sa Majestat Imperial foren les crides adreçades als dirigents polítics de tots els països per fundar una Lliga de Nacions, on els conflictes internacionals es resoldrien pacíficament[46].

La represa que seguí a la fi de la Guerra Civil entre els estats del nord i els del sud (1861-1865) va permetre la colonització de les terres de l'Oest; però això va portar a una situació de conflicte bèl·lic amb les tribus índies. Naturalment, Sa Majestat Imperial era conscient que qualsevol política que volgués menar per al bé i la felicitat dels seus súbdits estava condemnada al fracàs si no s'assolia una autèntica pacificació de l'Imperi; una mostra de la política pacificadora de Norton I la trobem en aquest decret de maig de 1876:

VIST QUE, Brau Assegut i l'exèrcit dels Estats Units han tingut la seva diversió des de fa massa temps

---

44   http://www.emperornorton.org/1024/ProclamationsIndex.html
45   http://www.emperornorton.org/1024/ProclamationsIndex.html
46   MOYLAN, Peter: *Emperor Norton* http://www.sfhistoryencyclopedia.com/articles/n/nortonJoshua.html

ARA, PER TANT, nós, Norton I, *Dei Gratia* emperador, ordenem amb aquest decret el retorn immediat de Crook i Terry a les casernes, i a Brau Assegut li és donada ordre de rendir-se amb tota la seva tribu a l'emperador, el desig del qual és fer justícia; altrament, més tard o més d'hora, la seva mort i la de la seva tribu és certa. NORTON I[47]

No sols aquesta mena de conflictes interns amenaçaven la prosperitat de l'Imperi, sinó que també n'hi havia d'altres de tan o més greus que aquests, tal com es desprèn de la lectura d'aquesta proclama imperial de 1876:

VIST QUE, l'epidèmia de còlera a l'estat de Tennessee continua incrementant-se terriblement, i
VIST QUE nós desitgem que aquesta plaga sigui eliminada aviat;
ARA, PER TANT, nós, Norton I, Dei Gratia emperador dels Estats Units i protector de Mèxic, amb aquesta proclama ordenem i decretem que la totalitat de la fraternitat mèdica dels EUA, quedi sota el control de les autoritats de l'Estat; i qualsevol doctor a qui li sigui ordenat anar d'una localitat a una altra si rebutja complir aquestes ordres, serà multat i empresonat segons ho requereixi la gravetat del cas
NORTON I

Amb aquest decret, Norton I va demostrar una grandesa, comparable només a la de Marc Aureli en el moment que, durant el seu regnat, la pesta va arribar a Roma.

3.EL PROTECTORAT SOBRE MÈXIC

Des de la seva independència d'Espanya (1822), Mèxic va viure una història convulsa marcada per les discòrdies internes que dugueren a contínues revolucions i contrarevolucions. Enmig d'aquesta inestabilitat, el 1836 Texas es declarà independent, la qual cosa, aviat va dur a la guerra contra els EUA (1846-1848), en la qual Mèxic va haver de reconèixer la independència de Texas, annexionada als EUA el 1845, i, a més, va perdre els territoris al nord de Río Grande: Nou Mèxic i gran

---

[47]   http://www.emperornorton.org/1024/ProclamationsIndex.html

part de Califòrnia, que passaren també als Estats Units. La revolució democràtica de 1855 enderrocà el règim dictatorial imposat pel general Santa Anna el 1853, i establí el 1857 una nova constitució que prohibia l'esclavitud, garantia la llibertat d'expressió i separava l'Església de l'Estat. Ara bé, els sectors conservadors, l'Església i els militars rebutjaren aquesta constitució i iniciaren una guerra civil contra el president liberal Benito Juárez (1859-1872); els EUA donaren suport als liberals, mentre que França, Espanya i Gran Bretanya s'alinearen amb els conservadors. El 1861, Espanya, França i Gran Bretanya dirigiren una expedició militar contra Mèxic per tal d'exigir el pagament del deute, que el govern de Juárez es negava a satisfer al·legant la manca de recursos motivada per la crisi de les finances públiques mexicanes. Espanya i Gran Bretanya es retiraren aviat un cop cobrat el deute; ara bé, França decidí apoderar-se de Mèxic per controlar-ne la vida política. Aleshores, el 1862[48], als EUA, l'emperador Norton I va decidir assumir també el títol de Protector de Mèxic ja que aquesta nació li havia suplicat que la governés[49].

A Mèxic, Norton I només hi havia adquirit la condició de Protector, per tant, no hi assumia pas completament en les seves mans el govern de la nació, tal com havia fet als EUA, sinó que únicament hi tutelava l'acció de les institucions de govern mexicanes. Norton I no va emprendre cap acció contra la intervenció francesa, que, el 1864, dugué a la proclamació de l'arxiduc Maximilià d'Àustria, germà de Francesc Josep I, com a emperador de Mèxic i a la guerra civil entre els partidaris de Maximilià i els republicans fidels al president Benito Juárez. El 1866, Napoleó III de França va decidir retirar les seves tropes de Mèxic, amb la qual cosa, la situació de Maximilià I esdevingué precària, perquè no li va quedar més remei que atrinxerar-se a Querétaro amb les seves minvades forces. L'abril de 1867, Norton I va manifestar que:

"És el meu desig que, en el cas que Maximilià es rendeixi, sigui enviat ací com a presoner de guerra, ara bé, si ell continua la guerra o rebutja de rendir-se, llavors haurà se ser afusellat[50]"

Finalment, el 14 de maig de 1867, Maximilià va retre's a les forces republicanes, les quals, després de sotmetre'l a consell de guerra, l'afu-

48 MOYLAN, Peter: *Emperor Norton* http://www.sfhistoryencyclopedia.com/articles/n/nortonJoshua.html

49 *Abraham Joshua Norton* http://home.swipnet.se/~w-40977/coolpeople/norton.html

50 *He claims Maxmillian as a POW* http://www.notfrisco.com/nortoniana/

sellaren el 19 de juny. L'emperador dels Estats Units va manifestar en una ocasió que li resultava molt difícil protegir una nació tan inestable com Mèxic. De totes formes, però, de la seva intervenció a Mèxic no en va sortir tan malparat com Maximilià d'Àustria.

Després de la mort de Benito Juárez (1872), fou proclamat president de Mèxic Sebastián Lerdo de Tejada, enderrocat el 1876 arran de la insurrecció dirigida per Porfirio Díaz, el qual acabà instaurant una dictadura que es mantingué fins a l'esclat de la Revolució Mexicana el 1911. En aquestes circumstàncies, Mèxic passava per una situació difícil, que va poder superar, només, gràcies al Protectorat que hi exercia l'emperador dels EUA, qui, el maig de 1876 va promulgar un decret per redreçar la vida política i econòmica de Mèxic:

> VIST QUE nós volem ajudar Mèxic amb capitals i desitgem també que els Estats Units i Mèxic vegin reduït els interessos mitjançant la intervenció del deute nacional per l'emperador
> ARA, PER TANT nós, Norton I, ordenem a tothom que s'abstingui de depredar el patrimoni personal de l'emperador amb acusacions de frau que desorienten la gent.
> DEI GRATIA NORTON I EMPERADOR DELS ESTATS UNITS I PROTECTOR DE MÈXIC[51]

El text d'aquesta proclama desmenteix la idea sostinguda per alguns cronistes i historiadors que, arran de l'afusellament de l'emperador Maximilià (1867), Norton va renunciar al títol de Protector de Mèxic, el qual, tal com pot comprovar-se, apareix en edictes, proclames i decrets imperials posteriors a 1867.

---

51   http://www.emperornorton.org/1024/ProclamationsIndex.html

L'EMPERADOR I ELS SEUS SÚBDITS

1.SAN FRANCISCO I L'EMPERADOR NORTON

Tal com ho demostren els documents de l'època, el dia 16 de setembre de 1859 al matí, Joshua Norton va visitar a la seva oficina George Fitch, director del *San Francisco Bulletin*, i li presentà el text del decret on es proclamava emperador dels Estats Units amb el nom de Norton I[52]. A l'endemà, aquest decret fou publicat sota l'encapçalament *Un emperador entre nosaltres?*[53]; precedint el text del decret de Norton, hi havia una breu nota de Fitch explicant que:

> "Aquest matí, un home ben vestit i amb actitud seriosa va entrar a les nostres oficines i va presentar el següent document [el decret], respectuosament, va demanar que l'examinéssim i el publiquéssim al Bulletin. Un cop li vam prometre que ens el miraríem, ell va retirar-se educadament sense dir res més.[54]

Anys després, el cens d'habitants de 1870 registrava l'existència d'un ciutadà anomenat Joshua Norton, resident a San Francisco al carrer Comercial número 624, de professió emperador.

Segons sembla, la reacció dels habitants de la ciutat en llegir la proclama imperial al diari fou començar a saludar Joshua Norton amb grans reverències i dient-li Majestat; a qualsevol que se li acudís anomenar-lo "senyor Norton", se li recordava amablement que aquest no era pas el tractament correcte per adreçar-se a algú de rang imperial[55]; ni l'Imperi ni la persona de l'Emperador no van suscitar cap mena de rebuig entre la gent. El 17 de setembre 1861, coincidint amb el segon aniversari de la proclamació de Norton com a emperador, a San Fran-

---

52   LEATHER, Tony *America's Last Emperor* https://web.archive.org/web/20090721101949/http://www.kudzumonthly.com/kudzu/mar02/Emperor.html

53   *Abraham Joshua Norton* http://home.swipnet.se/~w-40977/coolpeople/norton.html

54   DRURY, William. *Norton I, Emperor of the United States*, New York, Dodd, Mead, 1986 http://www.emperornorton.net/norton-drury.txt

55   Ídem

cisco el nou teatre Tucker's Hall va obrir oferint la representació d'una òpera còmica titulada *Norton I o un emperador per un dia*, obra d'un autor local desconegut; els diaris de la ciutat no van parlar-ne, però el setmanari de literatura *The Golden Era* sí que va ressenyar-la:

L'ACADÈMIA DE MÚSICA- El nou melodeó a Tucker's Hall és un dels llocs de reunió més populars de la ciutat. S'hi representa ara en sessió nocturna una obra burlesca titulada *Norton I o un emperador per un dia*, la qual provoca grans rugits de rialles incontenibles. Walter Bray interpreta el paper de Norton I d'una manera molt convincent, brodant el personatge amb tots els seus inexhauribles recursos còmics. Tota la companyia dramàtica participa en aquesta *extravaganza* musical.

L'òpera sobre Norton ocupava la segona part d'un programa que començava amb una hora de cançons i humor a càrrec de la companyia *Monsieur and Madame Schwegerle's Terpsichorean and Negro Minstrel Troupe*, que oferien un espectacle amb un recurs còmic molt típic de l'època als EUA: actors blancs maquillats per semblar negres. No resulta pas segur afirmar que l'Emperador assistís a la representació d'aquesta obra que el feia servir com a element còmic; a San Francisco, se'n reien de Norton, però no consideraven pas que se l'hagués de tancar per boig, tal com, unes setmanes després de l'estrena d'aquesta òpera es va fer amb George Koening, un dependent de botiga d'origen austríac que afirmava ser ell el legítim rei d'Àustria, a qui es va recloure a l'Asil Estatal per a malalts mentals de Stockton. Dotze anys després, el 18 de març de 1873, l'actor David Belasco va debutar al Metropolitan Theatre interpretant el paper de l'emperador Norton a l'obra *El dimoni de l'or*.

2.LA PUBLICACIÓ DELS SEUS EDICTES

2.1.ELS EDICTES AUTÈNTICS

Fins a la popularització de la ràdio i la televisió, en qualsevol ciutat s'hi publicava un gran nombre de diaris, la qual cosa duia a una competència ferotge per trobar bones històries que ajudessin a vendre més. En aquestes circumstàncies, a mitjans del segle XIX, els redactors dels diaris de San Francisco van trobar una mina en la història de l'emperador Norton.

Així per exemple, alguns diaris sensacionalistes de San Francisco van fer córrer el rumor que Norton fos fill de la relació extramatrimonial del duc de Clarence —rei Guillem IV del Regne Unit (1830-1837)— amb l'actriu irlandesa Dorothea Jordan, tal com ho "demostraven" l'accent britànic de Norton i la seva manera de parlar, pròpia d'una persona instruïda; la veritable identitat de Norton, afirmaven, els havia estat relatada per un viatger anglès; ara bé, aquest suposat testimoni, si realment va existir, explicava fets esdevinguts setanta anys abans —i que, per tant, només podria recordar una persona molt gran— i, a més, donava detalls del tot inversemblants com ara que tot un senyor duc de Clarence hagués d'anar en persona a la porta del teatre a demanar-li a l'actriu Dorothea Jordan que li deixés diners[56].

L'octubre de 1859, la principal notícia a Califòrnia era la descoberta de mines de plata a Washoe, situada a la Sierra Nevada al territori mormó d'Utah; el 1861, el Congrés dels EUA va separar aquell districte del territori de Utah i el constituí en un nou territori anomenat Nevada, que, el 1864, seria admès com a nou estat de la Unió. Malgrat tot, George Fitch va trobar espai per anunciar la publicació d'*Un altre ucàs del Tsar Norton*, encapçalament que precedia el decret de Norton abolint el Congrés dels EUA. Dues setmanes més tard, al diari hi sortí va una nova proclama atribuïda a Norton abolint el Tribunal Suprem de Califòrnia, després que un dels seus jutges fos empresonat per assassinat arran d'haver mort el senador Broderick en un duel il·legal[57].

En els seus decrets de setembre i octubre de 1859 en què, primer, es proclamava emperador i, després, abolia el Congrés dels EUA, Norton convocava tots els partits interessats a reformar les lleis del país a participar en una reunió a celebrar al Saló Musical de San Francisco l'1 de febrer de 1860; ara bé, precisament el gener de 1860, aquest Saló Musical va ser destruït per un incendi; en conseqüència, Sa Majestat Imperial va haver de canviar les dates per a la reunió dels delegats dels estats, que, finalment, quedava convocada per a dimecres 5 de febrer al Saló de Congressos de Post i Kearny. En un to humorístic, el *San Francisco Bulletin* va convidar tothom a ser-hi d'hora per aconseguir un bon seient amb aquesta editorial escrita per Fitch:

---

56   Ídem
57   Ídem

"Potser seria aconsellable de portar una cadira, una flassada o dues, un paraigües (si calgués), una pila d'entrepans, una ampolla, i estar-s'hi tota la nit, tan a prop de les portes com sigui possible, per estar preparats, quan arribi l'hora, per a l'atapeïment. Dimecres serà un gran dia per a Califòrnia."

El cas és que el dia 6 *San Francisco Bulletin* no va dir res del Gran Dia de Califòrnia ni cap altre diari va mencionar cap mena de convenció; segons sembla, quan l'Emperador va arribar al Saló de Congressos, tot era tancat i barrat i no hi havia absolutament ningú. Segurament, Norton va sentir-se molt frustrat perquè, durant cinc mesos, no se'n va tenir cap notícia, la qual cosa va decebre tots aquells que compraven el diari per fer-se un fart de riure amb les proclames imperials; per tenir-los contents, tot el que Fitch va poder fer fou publicar parts del discurs que Norton pensava pronunciar a l'Assemblea.

Veient com el *San Francisco Bulletin* aconseguia força lectors amb la publicació de tots els edictes imperials de Norton I, un competidor seu, el *Daily Alta California*, va voler explotar també el filó i va posar-se a difondre també proclames imperials, les quals, però, eren falses, sovint tenien un contingut polític o bé feien broma sobre la persona de Norton I; aquesta pràctica aviat va ser seguida per d'altres rotatius de la badia de San Francisco que, si no disposaven de notícies autèntiques de l'emperador, se n'inventaven. Norton I va mostrar repetidament el seu enuig contra aquest mal costum, però fou en va[58].

Sovint, als diaris, el nom de l'emperador apareixia com a patrocinador d'un restaurant o d'una botiga de roba; d'aquesta manera, el periodista autor de l'anunci concedia publicitat gratuïta a l'establiment comercial a canvi de rebre'n proveïment de franc. Per la seva banda, els propietaris de comerços i negocis aviat descobriren que el nom de l'Emperador ajudava a vendre; per això, una taverna anunciava a la seva finestra "Bon vi i licor per concessió de Sa Majestat Norton I". Normalment, aquests anuncis acostumaven a ser falsos[59]. Un dia, Albert Evans, director del *Daily Alta California*, va escriure un article al diari criticant un barret nou que duia Norton, alt i adornat amb una ploma d'estruç. Aquell barret que Evans trobava tan ridícul era

58   http://www.emperornorton.com/mod/abouten.shtml
59   MOYLAN, Peter: *Emperor Norton* http://www.sfhistoryencyclopedia.com/articles/n/nortonJoshua.html

del model Kossuth, dit així perquè, vers 1850, l'havia posat de moda als EUA un polític hongarès que s'hi havia exiliat, de nom Lajos Kossuth (1802-1894). A la zona est dels EUA, els barrets Kossuth es feren molt populars perquè donaven un toc de distinció a qui els duia; ara bé, a l'Oest ningú no en va portar mai. Segurament per això, a San Francisco, la botiga Heuston & Hastings Roba de Senyor amb Qualitat i Distinció va decidir regalar un d'aquells barrets a Norton; així, es van treure de sobre un barret que ningú no els volia comprar i, d'altra banda, per mitjà d'Evans van aconseguir un valuós anunci de "Per Concessió de Sa Majestat Imperial Norton I"[60].

El 1865, fou abolida l'esclavitud als EUA; aleshores, Norton I acceptà la ciutadania americana de ple dret de les persones d'origen africà; anys després, va designar el *Pacific Appeal*, un setmanari propietat de l'afroamericà Peter Anderson, la seva gaseta reial.

"Estant ansiós de disposar d'un setmanari imperial de confiança, nós Norton I ... nomenem el PACIFIC APPEAL, el nostre òrgan, a condició que els seus responsables no siguin pas traïdors i ens donin suport sincerament.[61]"

Ara bé, el 1875, al *Pacific Appeal* hi va aparèixer la següent proclama imperial:

VIST QUE una persona que es dóna el nom de Charles R. Peters fou acusat d'apropiar-se del capital del premi en el moment del sorteig de la loteria a la Biblioteca Mercantil; aquest premi fou guanyat per Norton I, i l'Emperador tenia pensat destinar-lo a distribucions caritatives;
VIST QUE, l'esmentat Peters intenta ara, amb enganys, induir els emigrants a comprar terres sense valor en un poble que anomena Newark (però que no té pas ni habitants ni nom fora de la imaginació del dit Peters);
ARA, PER TANT aquesta proclama té com a propòsit avisar tothom contra la possibilitat de ser enganyat o estafat pel dit

60   DRURY, William. *Norton I, Emperor of the United States*, New York, Dodd, Mead, 1986
      http://www.emperornorton.net/norton-drury.txt
61   Ídem

Peters, el Gran Jurat ha quedat instruït per investigar en aquestes qüestions i dur el dit Peters a judici[62].

Segurament, aquesta proclama no era pas autèntica; ara bé, arran dels problemes que podien causar les acusacions formulades contra una persona concreta com ho era Charles R. Peters, el *Pacific Appeal* va decidir no tornar a publicar mai més cap altra proclama o decret de Norton I[63]. Tot i així, d'altres diaris continuaren publicant edictes de l'emperador, tant si eren vertaders com si eren falsos.

2.2. ELS EDICTES FALSOS O DUBTOSOS

Sàpiguen tots aquells a qui pot concernir que Nós, Norton I, Emperador dels Estats Units i Protector de Mèxic, hem rebut serioses queixes que la nostra indumentària és una desgràcia nacional i fins i tot la simpatia de Sa Majestat el Rei del Dolor ha arribat fins al punt d'oferir-nos un vestit, que hem tingut escrúpols a acceptar. En conseqüència, avisem a tots aquells que tenen com a obligació ocupar-se d'aquests afers que les seves cabelleres estan en perill i la nostra dita necessitat és desatesa[64]

Vers 1862

El Rei del Dolor era el malnom que es donava a un altre dels personatges excèntrics del San Francisco de l'època; per quina raó havia Norton de tractar-lo de Majestat? Segurament, aquest edicte fou obra d'Albert Evans per tal de divertir els lectors de l'*Alta California*[65].

Nós, Norton I, decretem ara mateix que els càrrecs de President, Vice-president i Portaveu de la Cambra de Representants queden, d'ara en endavant, abolits.

62   *He Accuses a Man of Theft* http://www.notfrisco.com/nortoniana/
63   GAZIS-SAX, Joel "The Madness of Joshua Norton" dins de *Tales from Colma* http://www.notfrisco.com/colmatales/norton/norton2.html
64   *He Declines A Gift* http://www.notfrisco.com/nortoniana/
65   DRURY, William. *Norton I, Emperor of the United States*, New York, Dodd, Mead, 1986 http://www.emperornorton.net/norton-drury.txt

A més decretem que el Senat dels Estats Units elegeixi un destacat demòcrata com a president fins a les properes eleccions, i de reformar el gabinet segons els nostres desigs que després declararem Donat al nostre palau avui 21 de desembre de l'Any del Senyor de 1862[66]

Aquest decret va aparèixer vuit dies després que, durant la Guerra Civil Americana (1861-1865), a la batalla de Fredericksburg les tropes del nord, dirigides pel general Burnside, patissin una greu derrota contra els exèrcits sudistes, a les ordres del general Robert Lee. Havia estat a petició d'Abraham Lincoln —president dels EUA (1861-1865)— que Burnside havia planejat una ofensiva per travessar el riu Rappahannock i així apoderar-se de la ciutat de Fredericksburg, com a mitjà d'entrar ràpidament a Richmond (Virgínia), la capital dels confederats. El fracàs de l'atac, que es saldà amb un elevat nombre de baixes per part dels exèrcits nordistes, es degué en gran part al fet que Burnside va intentar passar el riu sense haver rebut encara el material necessari. Després de la batalla de Fredericksburg, Burnside fou destituït[67]. D'altra banda, el dia 22 de setembre de 1862, va promulgar-se la primera part de la Proclamació de l'Emancipació; la segona part fou promulgada l'1 de gener de 1863. Aquest text legislatiu no abolia pas l'esclavitud als EUA sinó només en aquells estats rebels que caiguessin en poder de les tropes de la Unió. Allò que, entre desembre de 1860 i abril de 1861, a conseqüència de l'elecció d'Abraham Lincoln com a president, havia dut els estats del Sud —Carolina del Sud, Carolina del Nord, Virgínia, Tennessee, Arkansas, Geòrgia, Mississipí, Alabama, Florida, Louisiana i Texas— a trencar amb la Unió i constituir els Estats Confederats d'Amèrica, havia estat la defensa de l'esclavitud; ara bé, quatre estats esclavistes —Delaware, Maryland, Missouri i Kentucky— s'havien mantingut fidels a la Unió. D'una manera totalment intencionada, la Proclamació ometia aquests quatre estats com també Tennessee, sota control de la Unió, els quaranta-vuit comtats que havien de formar el nou estat de Virgínia Occidental, separat de Virgínia, un dels principals baluards de la Confederació, com també Nova Orleans i moltes altres zones de Louisiana en poder de la Unió. Acabada la Guerra, els abolicionistes del Partit Republicà temien que, en una situació de pau, la Proclamació

---

66   *He fires Abraham Lincoln* http://www.notfrisco.com/nortoniana/

67   http://en.wikipedia.org/wiki/Battle_of_Fredericksburg

pogués ser declarada inconstitucional i, per això, urgiren l'aprovació d'una esmena constitucional que suprimís l'esclavitud; durant la seva campanya electoral de 1864, és a dir, quan optà a un segon mandat, una de les principals promeses de Lincoln fou, precisament, l'abolició definitiva de l'esclavitud; finalment, el 31 de gener de 1865, el Congrés va aprovar la tretzena esmena de la Constitució amb la qual l'esclavitud quedava prohibida a tot arreu dels EUA[68].

Si el decret és autèntic, llavors Norton no actuava pas d'una manera coherent amb el seu edicte d'octubre de 1859 d'abolició del Congrés ni amb la supressió de totes les institucions republicanes i la instauració de la monarquia absoluta decretades el 26 de juliol de 1860. Com abans s'ha dit, el gener de 1860, Norton havia ordenat al general Scott que s'apoderés de Washington perquè, desobeint el seu imperial decret, s'hi seguia reunint el Congrés, que ell havia abolit. Com és que, el desembre de 1862, Norton nomena un president del Senat si, en principi, aquesta cambra del Congrés havia deixat d'existir l'octubre de 1859? Per això, sembla més raonable creure que el decret sigui fals. Segons el text d'aquesta proclama, el president del Senat havia de ser un demòcrata; precisament, Lincoln va ser el primer membre del Partit Republicà a esdevenir president; possiblement els autors d'aquesta proclama van usar la figura de Norton per publicar un text crític contra Lincoln, a qui, alguns culpaven del desastre de Fredericksburg, per mostrar el seu descontentament amb la Proclama d'Emancipació o per donar a entendre que un president demòcrata seria més favorable als interessos del Sud. De fet, segons el decret imperial, el president Abraham Lincoln i el vice-president Hannibal Hamlin quedaven destituïts dels seus càrrecs. Si el decret va aparèixer com a resposta a la desfeta de Fredericksburg, això sembla alinear Norton amb el bàndol nordista; ara bé, durant la Guerra Civil Americana, Norton va voler seguir una política de conciliació entre nordistes i sudistes.

El 1865, a Nova York, algú anomenat D. Stellifer Moulton va proclamar-se "Rei, Príncep Regnant de la Casa de David i Guardià de Mèxic"; segons sembla, aquest rei Stellifer va estar-se instal·lat als principals hotels de Nova York i Boston i, quan li van demanar que pagués el compte, va carregar la factura al Tresor dels EUA, per la qual cosa, la policia va arrestar-lo. Poc després, va aparèixer la següent proclama, atribuïda a Norton:

---

68   http://en.wikipedia.org/wiki/Emancipation_Proclamation

Fora usurpadors i impostors! Talleu-los el coll! Ja n'hi ha prou de fer la punyeta! Les autoritats legítimes de Nova York reben amb aquesta proclama l'ordre de capturar un tal Stellifer, que es fa dir Rei o Príncep de la Casa de David, i enviar-lo encadenat a San Francisco (Califòrnia) per sotmetre'l a judici en el nostre Tribunal Imperial per uns quants càrrecs de frau presentats contra ell en documents públics.

Norton I, Emperador dels Estats Units i Protector de Mèxic
San Francisco 6 de novembre de 1865[69]

En conèixer l'existència d'aquest rei Stellifer, Albert Evans va decidir servir-se de Norton per divertir-s'hi una mica; l'estil vulgar amb frases com ara "Talleu-los el coll!" o "Ja n'hi ha prou de fer la punyeta!" No s'adiuen gens amb l'estil correcte de l'autèntic Norton.

El 2 de febrer de 1865, va aparèixer aquesta proclama a l'*Alta California*

"L'ANIVERSARI DE SA MAJESTAT

Sa Majestat Imperial Norton I, Emperador dels Estats Units i Protector de Mèxic celebra el seu quaranta-vuitè aniversari dissabte 4 de febrer de 1865. A causa de qüestions pendents amb Sa Majestat Maximilià I, el Duc de Gwino, El Magnat, el Rei dels Mosquits, el Rei de les Illes Caníbals, et al, l'habitual desplegament de banderes als vaixells estrangers i als edificis públics queda suspès en aquesta ocasió".

Com que ningú no sabia ni l'edat real ni quin era el dia de l'aniversari de Norton, aquesta proclama és, òbviament, falsa. El 4 de febrer de 1861, els estats sudistes de Mississipí, Carolina del Sud, Geòrgia, Alabama, Louisiana, Florida i Texas havien decidit separar-se de la Unió; cada any, pel 4 de febrer, els sudistes de San Francisco hissaven les banderes rebels per commemorar l'aniversari del naixement dels Estats Confederats d'Amèrica. Un diari nordista com ho era l'*Alta California* va voler riure's dels sudistes fent creure que la festa del 4 de febrer es feia per celebrar l'aniversari de Norton. Aquest tipus de burles a la premsa entre els partidaris de l'un i l'altre bàndol de la Guerra Civil resultaven habituals. En aquesta falsa proclama de l'aniversari de Norton, a més de Maximilià

---

69   *He Denounces an Imposter* http://www.notfrisco.com/nortoniana/

d'Àustria, emperador de Mèxic (1864-1867), hi apareixien mencionats William McKendree Gwin, un antic senador per Califòrnia; originari de Mississipí, Gwin va ser empresonat pels nordistes a causa de les seves simpaties sudistes; un cop alliberat, se n'anà a Mèxic, on va córrer el fals rumor que l'emperador Maximilià l'havia fet duc. Albert Evans ja no va tornar a necessitar riure's de la festa sudista del 4 de febrer; el 9 d'abril de 1865, a Appomattox, el general Robert E. Lee, un dels principals comandants dels exèrcits confederats, va rendir-se al general Ulysses S. Grant, amb la qual cosa, es va acabar la Guerra Civil.

Tal com va fer-ho notar l'*Evening Bulletin*, l'uniforme que duia Norton ja estava tan atrotinat que feia pena; se li començaven a veure forats per tot arreu. En resposta, va aparèixer aquesta falsa proclama imperial a l'*Alta California*:

> "VIST QUE, el diari Evening Bulletin ha estat prou idiota com per unir-se als traïdors proscrits contra el nostre Imperi;
> ARA PER TANT, nós, Norton I, Gratia Dei Emperador, amb aquesta proclama multo l'esmentat Bulletin amb 2.000 dòlars; la suma necessària per al nostre Reial Guarda-roba".

Segons va explicar-ho l'*Evening Bulletin*, Norton va demanar humilment a l'Ajuntament que li proporcionessin roba nova a càrrec dels pressupostos municipals. En la mateixa petició, Sa Majestat pregà als regidors que ordenessin a un dels diaris locals convertir-se en el seu diari oficial i canviar-se el nom per dir-se *La Gaseta Imperial*; aquest diari seria l'únic autoritzat a publicar els seus edictes; l'Emperador desconfiava de l'*Alta California*, que sovint el deixava en ridícul amb les seves proclames falses, i, per la seva banda, el *San Francisco Bulletin* no tenia gaires ganes de publicar-li les proclames des del moment que, a l'*Alta California*, Albert Evans semblava disposar del copyright de l'Emperador. En resposta a la negativa de l'Ajuntament a proporcionar un guarda-roba a Norton, Albert Evans va publicar un fals decret imperial prohibint a l'Alcalde i als Regidors d'aparèixer en públic duent abric mentre no s'hagués proporcionat a l'Emperador una vestimenta imperial adient; segons aquest decret, Patrick Crowley, el cap de la policia, tenia ordre d'arrestar tot funcionari públic que dugués abric, incloent-hi ell mateix[70].

70   DRURY, William. *Norton I, Emperor of the United States*, New York, Dodd, Mead, 1986
      http://www.emperornorton.net/norton-drury.txt

El 1864, Abraham Lincoln havia estat reelegit president dels EUA; en un gest conciliatori per tal de superar les rancúnies de la Guerra Civil, havia designat com a candidat a vice-president Andrew Johnson, que, tot i ser originari de Tennessee, un dels estats sudistes, s'havia mantingut lleial a la Unió. El 14 d'abril de 1865, pocs dies després de la fi de la Guerra Civil amb la rendició del general confederat Lee a Appomattox, un sudista assassinà el president Lincoln en un teatre de Washington. Aleshores, tal com ho preveu la Constitució americana, el vice-president Andrew Johnson esdevingué el nou president dels EUA. La presidència de Johnson (1865-1869) fou conflictiva des del primer moment; els seus detractors l'acusaren d'haver jurat el càrrec de President borratxo com un cep, fins al punt d'embarbussar-se amb les paraules del jurament i fer tentines; els seus partidaris només van poder respondre-hi que Johnson no era pas un alcohòlic, sinó que, simplement, s'havia pres un parell més de whiskys abans de la cerimònia perquè no es trobava bé. Òbviament, Johnson no va poder treure's mai de sobre l'acusació de ser un borratxo; a més, per recordar-li que havia arribat a la Casa Blanca només com a conseqüència de l'assassinat de Lincoln, hi havia qui li donava el títol de "Sa Accidència el President". Per altra banda, en el seu mandat, Johnson va arribar a forts enfrontaments amb el Congrés en una qüestió tan sensible com la de decidir quina política calia seguir amb els antics estats sudistes; Johnson considerava l'administració del Sud com una prerrogativa especial del President. En les eleccions de 1864, Lincoln havia promès benevolència amb els rebels vençuts, ara bé, en la seva actitud de conciliació, Johnson semblava anar força més enllà de les promeses de Lincoln, així va vetar l'Acta de Drets Civils de 1866 donant a entendre així que ell no pensava pas acceptar el dret de vot per als negres; per això, el grup republicà radical al Congrés temia que ara els sudistes poguessin obtenir amb l'acció política allò que no havien pogut pas aconseguir amb les armes; en aquestes circumstàncies, aviat es va arribar a un enfrontament institucional amb el Congrés, que culminà el març de 1868 amb una proposa de sotmetre el president a un judici per haver violat la Llei, que no va arribar a prosperar només per un vot. Aleshores, sumant-se a la moda de publicar articles satírics contra Andrew Johnson, el 1868, a l'*Alta California* va aparèixer-hi aquesta proclama imperial:

"QUE LI TALLIN EL CAP!

Ja n'hi ha prou Andy! La Cort Suprema dels Estats Units rep ara mateix l'ordre de jutjar Andrew Johnson per usurpació de la nostra imperial autoritat i prerrogatives, i, si se'l troba culpable, decapiteu-lo o envieu-lo ací a enllustrar les botes de l'Emperador[71]".

Si Norton I havia abolit les institucions republicanes i havia decretat la monarquia absoluta el 1859, resulta totalment lògic que considerés el president Johnson com un usurpador de la seva imperial autoritat; ara bé, malgrat tot, no podem pas considerar autèntica aquesta proclama; el seu to vulgar la relaciona, més aviat, amb l'edicte, també fals, contra el rei Stellifer, de 1865, i no pas amb els edictes reals de Norton; a més, la menció de la Cort Suprema dels Estats Units mostra una clara al·lusió a l'intent del Congrés de processar Johnson.

La propera arribada del ferrocarril transcontinental anava encenent les rivalitats entre San Francisco, que volia conservar la condició de metròpoli de la regió de la Badia, i Oakland, en els seus orígens un barri dormitori de San Francisco que, amb la construcció de la terminal ferroviària, esperava esdevenir la nova capital de la Badia. A principis de 1863, a Sacramento, el governador Leland Stanford havia inaugurat les obres de construcció de la línia ferroviària transcontinental, destinada a unir tots els EUA de costa a costa, la qual, a Califòrnia, tindria la seva terminal a Oakland i no pas a San Francisco; tècnicament, aquesta era l'única solució possible ja que cap via de tren podia travessar la badia per arribar a San Francisco, la qual, aïllada en la seva península, temia perdre la seva importància com a centre comercial a favor del petit poble d'Oakland, que podria esdevenir la nova metròpoli de la badia. En aquesta pugna, totes dues poblacions usaren la figura de l'Emperador Norton en profit propi, malgrat el menyspreu que Oakland havia mostrat per Norton el 1863 amb motiu d'una desfilada militar. Un diari de San Francisco va suggerir que aquesta ciutat havia d'annexar-se Oakland per així situar el nucli comercial de la Badia de la banda de San Francisco; en resposta, a l'*Oakland Daily News* hi va aparèixer aquesta proclama imperial:

"VIST QUE, els habitants d'Oakland són molt bona gent i continuaran sent-ho si no els posen en contacte amb el vici i les coses mundanes, i

---

71   *He Orders Andrew Johnson's Arrest* http://www.notfrisco.com/nortoniana/

VIST QUE, és el nostre propòsit i desig que Oakland i San Fran ciscosiguin bones veïnes, però ho veiem molt lluny encara
ARA, PER TANT, nós, Norton I, Dei Gratia Emperador dels Estats Units i Protector de Mèxic, ordenem i manem als engi-nyers urbans de totes dues ciutats que facin que l'espai existent entre Goat Island i Oakland quedi ple de terra portada del Mont Diablo [a l'est de la Badia] i que a davant s'hi construeixin molls adients per a vaixells de vapor oceànics; dels quals, no caigueu sota la nostra reial desaprovació
Signada per la nostra mà el dia d'avui, 13 d'agost de l'Any del Senyor de 1869 a la ciutat de San Francisco[72]"

De l'illa de Yerba Buena, molta gent en deia Goat Island (=l'Illa de la Cabra) perquè durant l'època de la Febre de l'Or només hi havia cabres que hi pasturaven; la menció a Goat Island era una manera de riure's de la proposta de San Francisco de presentar aquesta illa a Le-land Stanford com el lloc més adient per a la terminal ferroviària, que, aleshores, estaria més a prop de San Francisco que d'Oakland. Con-siderant que amb aquesta burla no deuria d'haver-n'hi encara prou, l'*Oakland Daily News* va publicar un altre decret imperial:

"VIST QUE, ens plau acceptar tots els mitjans de civilització i progrés:
ARA, PER TANT, nós, Norton I, Dei Gratia Emperador dels Estats Units i Protector de Mèxic, ordenem i manem, primer, que Oakland sigui la terminal de la costa de la Central Pacific Railroad; segon, que un pont en suspensió sigui construït des de les construccions darrerament ordenades pel nostre reial de-cret a Oakland Point fins a Yerba Buena, des d'allí fins a la línia de muntanyes de Sacilleto, i des d'allí cap a les Farallones, que tingui prou amplada i força per a una línia ferroviària; i tercer, que la Central Pacific Railroad Company sigui carregada amb les despeses d'aquesta obra, per als problemes que apareguin posteriorment. Dels quals, no caiguin sota pena de mort.
Signat i segellat per nós, avui 18 d'agost de l'Any del Senyor de 1869[73]"

72   He Gives Goat Island to Oakland http://www.notfrisco.com/nortoniana/
73   He Calls for a Bridge http://www.notfrisco.com/nortoniana/

En primer lloc, segons aquest decret, l'Emperador es posava de part d'Oakland en la seva pugna amb San Francisco, cosa no gaire lògica; però és que, a més, el projecte de pont que s'hi descriu era una estructura que hauria anat serpejant sense sentit per tota la zona des d'Oakland Point fins a Goat Island abans d'endinsar-se cap a Sausalito, al comtat de Marin, per continuar uns cinquanta quilòmetres més enllà de Golden Gate cap a les Illes Farallone, uns illots de roques al Pacífic, habitats només per foques i ocells de mar. A San Francisco van optar per ignorar aquest escarni deixant-lo sense resposta; per això, d'aquest suposat decret imperial segurament no n'hauríem arribat a conèixer l'existència si no hagués estat perquè Albert Dressler, un col·leccionista de records de Norton, el va trobar als arxius d'Oakland i el va incloure al seu llibre l'*Emperador Norton dels Estats Units*, que ell mateix publicà el 1927; segons Dressler, el decret era autèntic i mostrava com, el 1869, Norton havia ordenat la construcció d'un pont a la Badia de San Francisco. En llegir aquest document, l'eminent historiador i arxiver Robert Ernest Cowan, director de la Biblioteca Arthur Andrews Clark de la Universitat de Califòrnia, no sols va considerar també autèntic el decret imperial sinó que en féu aquesta valoració: "com que Leland Stranford intentava assegurar-se el control de Yerba Buena per fer-ne la terminal per a la Central Pacific, la visió del gentil vell Emperador no era tan fantàstica". Naturalment, Cowan no va adonar-se pas que el projecte de pont dissenyat en aquest edicte era un disbarat. Com que, a més de gaudir d'un gran prestigi com a historiador, Cowan havia conegut l'Emperador el 1870 quan tenia vuit anys, la seva atribució del decret a Norton ningú no va atrevir-se a qüestionar-la; per això, ha estat repetida per autors posteriors, com ara Allen Stanley Lone el 1939 en la seva biografia *L'Emperador Norton, el monarca boig d'Amèrica* i Ward Ritchie, qui, en la seva antologia *Personatges de l'antic San Francisco* (1964), hi incloïa una reedició de l'article de Cowan autentificant el decret imperial de Norton[74]. Tanmateix, si el decret de 1869 ens cal considerar-lo fals per haver estat publicat en un diari d'Oakland, població on Norton no va residir-hi mai, i pel caràcter forassenyat del projecte de pont que presentava, el decret imperial de 1872 ordenant

---

74   DRURY, William. *Norton I, Emperor of the United States*, New York, Dodd, Mead, 1986
      http://www.emperornorton.net/norton-drury.txt

la construcció d'un pont entre San Francisco i Oakland l'hem d'admetre com a autèntic per dues raons[75]:

a. Fou publicat al *San Francisco Pacific Appeal*, diari que Norton havia designat la seva gaseta imperial arran de la promesa del seu director, Peter Anderson, de no publicar-hi edictes falsos
b. El decret estableix que el pont ha d'anar des Oakland Point fins a Goat Island i llavors cap a Telegraph Hill, exactament la mateixa ruta que segueix el Pont de San Francisco amb Oakland, construït entre 1933 i 1936

"PROCLAMA

VIST QUE, algú anomenat Phillipmagilder Alamagoozalum Whangdoodlum Larryum Murrayum està implicat en una conxorxa amb conspiradors per usurpar les nostres prerrogatives i és un traïdor cap a la nostra persona i ceptre; i
VIST QUE, tots els moviments d'aquesta mena tendeixen a afeblir l'estabilitat del nostre govern interior, i provoca que caigui en menyspreu i ridícul envers les altres Nacions;
ARA PER TANT, nós, Norton I Dei Gratia Emperador dels Estats Units i Protector de Mèxic, amb aquesta proclama decretem que l'esmentat Phillipmagilder Alamagoozalum Whangdoodlum Larryum Murrayum sigui nomenat cap de policia de l'ex-emperador Lluís Napoleó Bonaparte i que, immediatament, deixi el nostre regne per prendre possessió d'aquest càrrec.
13 de setembre de 1870[76]"

Aquest decret fou escrit per Philip Magilder i Larry Murray, dos actors de comèdia al teatre *Bella Union* de San Francisco; un dels personatges que Magilder interpretava a l'escenari era Alamagoozalum Whangdoodlum, un potentat oriental d'origen insondable que parlava en una mena de dialecte inventat per ell mateix, una mena de pidgin anglès indi. La proclama de Magilder i Murray va aparèixer al *Pacific Appeal*, la Gaseta Imperial de Norton. L'edicte de Magilder i Murray va poder sortir no pas perquè Peter Anderson faltés a la seva paraula

---

75   Ídem
76   *He Banishes a Traitor* http://www.notfrisco.com/nortoniana/

sinó perquè tenia el mal costum de no revisar l'edició del diari abans d'autoritzar-ne la publicació. L'al·lusió a Napoleó III fou un gag humorístic més perquè el decret va sortir el 13 de setembre de 1870, dues setmanes després que Lluís Napoleó fos capturat pels prussians a Sedan i que, a França, es proclamés la III República, posant fi a l'Imperi de Napoleó III, que va acabar exiliat a Anglaterra[77], esperant tenir una oportunitat de restaurar l'Imperi, com, el 1815, l'havia tinguda el seu oncle Napoleó I amb l'Imperi dels Cent Dies.

3.LA CORRESPONDÈNCIA DE L'EMPERADOR

Norton també pretenia intervenir en la política nacional i internacional adreçant cartes i telegrames a dirigents polítics i governants, com ara Otto von Bismarck, canceller de Prússia (1862-1890) i d'Alemanya (1871-1890). Generalment, obtenia resposta ja que algunes persones es dedicaven a enviar-li telegrames i cartes falses de contesta suposadament enviats per aquells governants a qui ell havia escrit. El 17 de març de 1864, el diari *Argus* de Petaluma —una petita població del comtat californià de Sonoma— va escriure que "Els poderosos destins de l'Imperi semblen pesar sobre les seves espatlles a jutjar pel nombre de despatxos telegràfics i de cartes que rep constantment".

Segurament per posar fi a una guerra civil que ja feia quatre anys que durava, el 1864 Norton I va decidir enviar dos telegrames l'un a Washington i l'altre a Richmond, ordenant a Lincoln i a Jefferson Davis, elegit president dels Estats Confederats d'Amèrica el febrer de 1861, que compareguessin davant seu a San Francisco per resoldre les seves diferències. La resposta que obtingué foren aquests dos telegrames:

"No tinc pas temps per viatjar a Califòrnia perquè m'haig d'estar ací passant comptes amb un individu anomenat Jeff Davis.

Abraham Lincoln, President dels Estats Units d'Amèrica"

"A l'Emperador Norton I, Petaluma: si vós desitgeu que comparegui davant vostre vestit d'una manera adequada, m'hauríeu d'enviar cinc-cents dòlars (500$), en or o en bitllets, perquè no-

---

77   DRURY, William. *Norton I, Emperor of the United States*, New York, Dodd, Mead, 1986
      http://www.emperornorton.net/norton-drury.txt

més em queden uns pantalons i, em sap greu dir-ho, però estan foradats. Atentament amb molt de respecte,

JEFFERSON DAVIS"

Amb tota probabilitat, quan Norton va anar a l'oficina del telègraf a posar els seus dos telegrames, l'empleat no va pas complir amb el seu deure d'enviar-los als seus destinataris sinó que els féu arribar a algú que coneixia al diari *Argus* de Petaluma, on foren publicades les preteses respostes de Lincoln i Davis.

Algun sudista amb força sentit de l'humor i ganes de broma deuria ser el veritable autor d'aquest telegrama:

A Sa Excel·lència l'Emperador Norton: és amb pena i dolor que he sabut que vós esteu en contacte amb aquell arxi-traïdor d'en Lincoln, pretès President dels Estats Units. Es veritat? Si ho és, no puc comptar-vos més entre els meus amics. El Sud us ha mirat com a la seva estrella guia per resoldre finalment aquesta guerra. Si-us-plau, contesteu aviat. Atentament

Jefferson Davis, President dels Estats Confederats d'Amèrica[78]

Malgrat tot, sembla que sí que va haver-hi correspondència postal autèntica entre la reina Victòria i l'emperador Norton[79].

4.LA VIDA SOCIAL DE NORTON I

4.1.LES ACTIVITATS DE L'EMPERADOR

A San Francisco, l'emperador Norton era un personatge inconfusible; anava pel carrer amb un uniforme militar, que li havien donat de segona mà a la caserna de Presidio adornat amb unes xarreteres daurades i uns botons de llautó; seguramente, l'uniforme era un dels molts que havien abandonat aquells soldats que desertaren per unir-se a les tropes de l'Exèrcit Confederat el 1861, quan esclatà la Guerra Civil; com

---

78 Idem
79 GAZIS-SAX, Joel "The Madness of Joshua Norton" dins de *Tales from Colma* http://www.notfrisco.com/colmatales/norton/norton2.html

a complements, usava un barret de castor amb una ploma i un rosetó, un para-sol xinès, un bastó i un sabre penjat a la cintura, segurament una relíquia de la guerra dels EUA contra Mèxic. La gent acostumava a saludar-lo i a fer-li una reverència quan se'l trobava pel carrer. En al·lusió a l'aspecte desgastat i atrotinat de l'uniforme de l'Emperador, el diari *Evening Express* de Los Angeles va definir Norton com "una mostra ambulant de l'esperit tronat de San Francisco"[80]; ofesos per aquesta crítica, els diaris de San Francisco van fer una crida, i les autoritats municipals van votar comprar-li un nou uniforme a Sa Majestat Imperial; els millors sastres van competir pel privilegi de confeccionar-lo; com a gest de gratitud, Norton va ennoblir tots els regidors de l'Ajuntament[81]. Aquest comentari despectiu d'un diari de Los Angeles envers Norton s'explica com a conseqüència de la gran rivalitat que a Califòrnia hi ha entre aquesta ciutat i San Francisco, comparable a la que al Vallès es dóna entre Sabadell i Terrassa. Avui dia, Los Angeles, situada al sud de Califòrnia, és la ciutat més gran de l'Estat i, juntament amb Long Beach, constitueix un dels nuclis de l'àrea metropolitana formada per Glendale, Burbank, Pasadena, Santa Monica, Beverly Hills i una setantena de pobles més; per la seva banda, San Francisco, ubicada al nord de Califòrnia, és la tercera ciutat de l'Estat, nucli, juntament amb Oakland, de la regió de la Badia, la qual inclou Alameda, Berkeley i Richmond; la segona ciutat de Califòrnia és San Diego, gairebé tocant a la frontera amb Mèxic.

El 1860, Norton va deixar de viure a la pensió del carrer Kearny, on s'hi havia estat durant uns dos anys; o bé l'en van fer fora per boig o bé se'n va cansar de sentir les burles i befes que li feien els altres residents quan llegien les seves proclames imperials al *San Francisco Bulletin*; aleshores, va instal·lar-se al Metropolitan, un hotel pobre al carrer Bush; el 1863, se'n va anar a una altra pensió barata al carrer Comercial 624, on hi residí fins a la seva mort (1880); segons sembla, la pensió li la pagaven antics amics seus de la lògia maçònica[82]. En la seva vida quotidiana, Norton I seguia una rutina fixa; quan sortia de casa seva, travessava el carrer per entrar a l'Empire House a llegir-hi

80   MOYLAN, Peter *Emperor Norton* http://www.sfhistoryencyclopedia.com/articles/n/nortonJoshua.html

81   LEATHER, Tony *America's Last Emperor*https://web.archive.org/web/20090721101949/ http://www.kudzumonthly.com/kudzu/mar02/Emperor.html

82   DRURY, William. *Norton I, Emperor of the United States*, New York, Dodd, Mead, 1986 http://www.emperornorton.net/norton-drury.txt

els diaris; en acabat, caminava una mansana i mitja cap a Portsmouth Square, on, assegut als bancs del parc feia petar la xerrada amb els seus amics, els quals, afectuosament, li deien *Emp*. Quan sentia que les campanes de l'església de Santa Maria tocaven les dotze del migdia, l'Emperador se n'anava a la cantina del Banc de Canvi a dinar; on a ell, igual com a tothom, li donaven menjar gratis a canvi de la consumició d'una beguda; als propietaris de molts restaurants i cantines de baixa categoria ja els anava bé que l'Emperador hi mengés perquè així aconseguien publicitat gratuïta als diaris. Fou l'escriptor escocès Robert Louis Stevenson (1850-1894) a la seva novel·la *El Destructor* (1892) qui va crear el mite que Norton gaudia del privilegi de poder menjar als restaurants més cars de la ciutat de franc; d'aquest suposat privilegi imperial no en queda constància en cap llibre ni article escrit en vida de Norton, excepte a *La ciutat fantàstica*, d'Amelia Neville, nascuda a Connecticut i establerta a San Francisco el 1856 quan tenia setze anys i estava casada amb un capità de l'armada. Segons Neville, que va residir a San Francisco durant cinquanta anys:

> "L'Emperador" Norton era un pupil protegit per la ciutat, que podia dinar en qualsevol restaurant i ignorar imperialment el compte, comprar entrades del teatre en qualsevol taquilla amb res més que un imperial gest d'agraïment, i estendre xecs als bancs de San Francisco malgrat no tenir ni un sol dòlar.

Ara bé, Amellie Neville era una noia de l'alta societat que presumia d'haver estat a Londres i haver-hi ballat amb ducs i comtes; per la seva posició social no resulta gaire probable que tingués cap contacte amb un indigent com ho era Norton; seguramente, el que ella deia al seu llibre era les històries que li explicaven alguns banquers i homes de negocis que coneixia; romanços inventats per homes grans que volien complaure una joveneta de vint anys amb històries de contes de fades. Els menjars que aconseguia gratuïtament a les cantines no deurien tenir gaire substància perquè, vers 1860, se'l veia molt prim i desnodrit, gairebé la pell i l'os; posteriorment, però, la seva alimentació deuria millorar perquè, Robert Louis Stevenson, que el va conèixer pocs anys abans de la seva mort, el va trobar gras i corpulent[83].

---

83   Ídem

Les tardes i els vespres se les passava a la Biblioteca Mechanic al carrer Correu, llegint llibres, jugant a escacs i escrivint les seves proclames imperials. Tal com ell mateix va dir-ho al reverend O. P. Fitzgerald, Norton I creia que, com a emperador, tenia el deure d'encoratjar la pràctica de la religió, la moral i els bons costums. Per això, cada diumenge assistia a un servei religiós cristià, que, per evitar acusacions de sectarisme, no era pas cada setmana el mateix, i, així, freqüentava totes les esglésies de les diferents congregacions i confessions existents a San Francisco; seguint aquesta línia d'ecumenisme, els dissabtes, Norton anava a la sinagoga; ara bé, sovint amenaçava d'instaurar una religió d'estat si els capellans, els predicadors i els rabins continuaven amb el seu mal costum d'usar el púlpit per fer arengues sobre la Guerra Civil[84].

Norton I es prenia molt seriosament les seves responsabilitats com a emperador; per això, sempre era al carrer vigilant que els sistemes de drenatge i el clavegueram de la ciutat anessin alhora, inspeccionant el funcionament del transport públic, comprovant que les construccions d'edificis seguissin les ordenances municipals i que els policies estiguessin complint amb el seu deure mentre estaven de servei; Norton era una persona del tot accessible i tothom hi podia parlar. Per tal de fomentar el civisme, si veia algú fent una bona acció l'ennoblia atorgant-li el títol de rei o reina per un dia; per això, les criatures anaven en grup a on era Norton per si se'ls presentava l'ocasió de fer coses com ara ajudar una senyora gran a passar el carrer i així aconseguir un dels títols concedits per l'Emperador[85].

Hom confiava en el seu sentit de la justícia, per això, en petites disputes locals, molta gent acudia a l'Emperador, com si ell tingués la saviesa de Salomó[86]. Norton va demostrar en una ocasió que, malgrat tot, gaudia d'una certa autoritat moral; durant els anys cinquanta i seixanta del segle XIX, a San Francisco hi havia un rebuig racista contra els immigrants xinesos, motivat, sobretot, pel fet que els xinesos acceptaven treballar per uns sous molt més baixos que la gent d'origen europeu, de la qual cosa se n'aprofitaven molts empresaris; per això, les condicions de treball favorables als obrers existents fins aleshores a

84   MOYLAN, Peter *Emperor Norton* http://www.sfhistoryencyclopedia.com/articles/n/nortonJoshua.html

85   *emperor norton* http://www.emperornorton.com/mod/abouten.shtml

86   LEATHER, Tony America's Last Emperorhttps://web.archive.org/web/20090721101949/http://www.kudzumonthly.com/kudzu/mar02/Emperor.html

San Francisco es van acabar amb l'arribada dels xinesos. Un dia, mentre duia a terme una de les seves inspeccions imperials pels carrers de San Francisco, Norton va veure com un escamot violent es proposava d'assaltar la barriada dels xinesos; aleshores, l'Emperador va interposar-se entre els agressors i les seves víctimes enfilant-se en una gran caixa situada al mig del carrer que li va servir de tarima; en un principi, la multitud es va fer un fart de riure amb l'aparició de Norton; ara bé, les rialles van acabar-se quan l'Emperador va tancar els ulls i començà a recitar les oracions del llibre *Les Pregàries del Senyor*; fins i tot els pinxos de la banda d'agressors es van quedar en silenci; quan Norton va demanar a l'audiència de repetir les pregàries amb ell, alguns ho feren; durant uns breus instants després del darrer "Amén", l'Emperador va estar callat davant del profund silenci de l'audiència; aleshores, va pronunciar un breu discurs sobre la virtut de l'amor fraternal, i la necessitat dels homes de conviure amistosament; mentrestant, l'orador del grup racista, veient que l'ànim de l'audiència havia canviat del tot, va anar-se'n. Quan l'Emperador va cloure el seu parlament amb la frase "Tots som fills de Déu" i va ordenar a la multitud de dispersar-se; aquesta ho va fer ràpidament i sense protestar. Naturalment, hom pot objectar que en el seu discurs sobre la fraternitat humana, l'Emperador va ometre fer cap al·lusió als empresaris que usaven les diferències racials per discriminar els obrers en els salaris[87]. Apart d'aquesta actuació en favor de la convivència a la ciutat, també s'atribueix a l'Emperador, un home fascinat pel progrés tècnic i per la modernitat, l'impuls de l'Orquestra d'Aires Moderns, formada totalment per instruments acabats d'inventar: el bailerofon, el saxofon i l'omnifon. Les actuacions d'aquesta orquestra acostumaven a resultar cacofòniques, però a San Francisco molta gent hi acudia i s'hi divertia molt, malgrat haver-se de tapar les orelles[88]. Norton també va dissenyar plànols per a la construcció de grans gratacels com també per fabricar globus aerostàtics d'alta mar propulsats per ciclistes, i per a una xarxa de canals per sota de la ciutat que agilitzaria el repartiment del correu. Dissortadament, tots aquests plànols i dibuixos es van perdre a conseqüència

---

87   GAZIS-SAX, Joel "The Madness of Joshua Norton" dins de *Tales from Colma* http://www.notfrisco.com/colmatales/norton/norton2.html

88   ASBURY, Herbert: "Through Space and Time with the Emperor Norton" Adapted from *The Barbary Coast* Garden City Publishing Company, Inc., 1933 http://www.emperornorton.net/mirror/http/www.halcyon.com_80/anitar/norton.html

del gran incendi i del terratrèmol que va patir San Francisco el 1906[89]. L'Emperador mostrava molt d'interès per l'ensenyament superior, per això, visitava sovint la Universitat de San Francisco; per altra banda, Norton era membre del Liceu de Cultura Lliure, on participava en molts debats, raonant-hi d'una manera completament lògica i intel·ligent[90]. El nom de "Norton I emperador" figurava entre els signants d'una petició adreçada a la Convenció Constitucional de Califòrnia l'octubre de 1878 sol·licitant l'admissió d'una esmena segons la qual "cap ciutadà de l'Estat sigui discriminat per raó de sexe", és a dir, que es reconegués el dret del vot a les dones; des de 1868, als EUA existia el sufragi universal masculí. Ara bé, admetre que les dones havien de tenir dret a votar no impedia a Norton defensar, per altra banda, que la feina de les dones era estar-se a casa tenint cura dels seus fills[91].

Cada divendres, quan es reunia el Ple de l'Ajuntament, els músics del teatre la *Bella Unión* es posaven a tocar a la vorera de davant de Casa de la Ciutat per fer propaganda del seu espectacle. El soroll de la música era tan fort que, al parc on celebrava corts, Sa Majestat Imperial no podia sentir ni tan sols la seva pròpia veu. Com que no hi havia cap llei prohibint la música al carrer, l'Ajuntament no semblava poder fer-hi res; per això, Sa Majestat va publicar aquesta ordre al *Pacific Appeal*:

"La música davant de l'Ajuntament és una molèstia per als regidors durant les hores del ple; per tant, queda prohibida sota la pena de clausurar el teatre Bella Union, en benefici de la qual es toca aquesta música."

Tal com resultava previsible, els músics van continuar tocant més fort encara; al final, l'Emperador, tip del xivarri de la música va haver d'anunciar al *Pacific Appeal* que:

---

89   Zola *Sovereign Individual Emperor Joshua Norton I* http://www.emperornorton.net/ mirror/http/www.zolatimes.com_80/V1.1/norton.html

90   Cowan, Robert Ernest "Norton I Emperor of the United States and Protector of Mexico" Printed in the *Quarterly of the California Historical Society,* October, 1923.http:// www.emperornorton.net/NortonI-Cowan.html

91   Carr, Patricia E. *Emperor Norton I The benevolent dictator beloved and honored by Sanfranciscans to this day.* http://www.molossia.org/norton.html

"Les reunions de l'Emperador dels divendres al matí es faran a partir d'ara als Jardins de la Ciutat"

Els Jardins de la Ciutat quedaven força lluny del centre per tant, molts dels assidus de les reunions imperials, la majoria d'ells jubilats, deurien trobar força enutjós el desplaçament. Finalment, l'Ajuntament va promulgar una ordenança contra el soroll al carrer i Sa Majestat Imperial va poder tornar a celebrar corts a la plaça de davant de la Casa de la Ciutat[92]

4.2. ELS PRIVILEGIS IMPERIALS

Els teatres li oferien entrada gratis, perquè si no la gent s'estranyaria de no veure l'Emperador entre el públic; quan Sa Majestat arribava, tothom aplaudia i l'orquestra tocava una fanfàrria i els empleats del teatre l'escortaven cap a la seva butaca[93]. Naturalment, els diaris tampoc no li cobraven res per publicar-li les seves proclames imperials. L'Emperador també tenia dret a usar gratuïtament el transport públic de la ciutat; segurament per treure's la fama de ser un avar i un escanyapobres, motivada per les operacions especulatives de compra de terrenys que féu arran de la construcció del ferrocarril i per apujar els preus dels bitllets del tren, Leland Stanford (1824-1893), president de la *Central Pacific Railroad* —posteriorment, governador de Califòrnia i fundador de la Universitat Stanford— va concedir l'ús lliure del transport públic a tot arreu de Califòrnia a Norton, qui, en decrets seus de 1872, s'havia fet ressò de la impopularitat de Stanford; gràcies a aquest privilegi, l'Emperador podia dedicar-se a passar revista a les tropes acantonades a la regió de la Badia així com a acudir regularment a les reunions del parlament de l'Estat de Califòrnia[94], que es reunia a Sacramento; un dia, fins i tot, li van regalar una bicicleta com a mitjà de transport per San Francisco. El 8 de febrer de 1866, Sa Majestat Imperial va promulgar un edicte ordenant al vaixell de guerra *Schubrick* de bloquejar el riu de Sacramento perquè un capità de vaixell no l'havia deixat

92   DRURY, William. *Norton I, Emperor of the United States*, New York, Dodd, Mead, 1986 http://www.emperornorton.net/norton-drury.txt

93   Ídem

94   MOYLAN, Peter *Emperor Norton* http://www.sfhistoryencyclopedia.com/articles/n/nortonJoshua.html

pujar si no pagava bitllet; en resposta a aquest edicte, els directors de la companyia li van concedir un passi gratuït vitalici[95]. Ara bé, no tothom tingué aquesta generositat envers Sa Majestat Imperial; els bugaders xinesos es negaren sempre a rentar la roba a Norton de franc; sense que ho sabés l'Emperador, un amic seu pagava el compte secretament[96]. D'altra banda, els polítics de San Francisco sempre es mostraven sol·lícits i atents amb l'Emperador ja que, en cas contrari, perdien vots[97].

Per tal d'aconseguir diners, Norton acudia a certes persones riques amb qui tenia amistat però no els demanava pas diners sinó que els recordava que devien una quantitat al Tresor Imperial; generalment, l'Emperador avaluava aquest deute en sumes com ara deu milions de dòlars; al final, però, el deute es reduïa a quatre o cinc dòlars; Norton apuntava en una llibreta aquestes taxacions a favor del Tresor Imperial[98]. Per altra banda, l'Emperador també emetia la seva pròpia moneda: uns Bons de l'Imperi, que ell mateix dissenyava i feia imprimir, amb la seva efígie; ell prometia als qui els compressin un beneficis del 25% en vint anys, però la gent els comprava per tenir un autògraf de l'Emperador; en molts comerços de San Francisco acceptaven com si fossin moneda de curs legal[99] els Bons de l'Imperi i d'altre paper moneda de l'Emperador com ara uns bitllets de cinquanta cèntims de 1873 i 1877, uns bitllets de cinc dòlars de 1871 i un altre de deu dòlars emès el 1879[100]. Quan, arran de la construcció del ferrocarril transcontinental, van començar a arribar turistes a San Francisco, Norton va aconseguir amb la venda dels seus Bons de l'Imperi uns certs ingressos que no li permeteren pas incrementar el seu nivell de vida, però sí deixar de dependre de la caritat d'altri. Amb la venda dels bons, una vegada Norton va tenir un disgust; en el transbordador cap a Oakland, algú de Chicago li va demanar un bon de l'Imperi; Sa Majestat no en duia pas cap perquè, aleshores, es dirigia cap a Sacramento per assistir a la

---

95   LEATHER, Tony *America's Last Emperor*https://web.archive.org/web/20090721101949/ http://www.kudzumonthly.com/kudzu/mar02/Emperor.html

96   *Abraham Joshua Norton* http://home.swipnet.se/~w-40977/coolpeople/norton.html

97   MOYLAN, Peter *Emperor Norton* http://www.sfhistoryencyclopedia.com/articles/n/nortonJoshua.html

98   Ídem

99   LEATHER, Tony *America's Last Emperor*https://web.archive.org/web/20090721101949/ http://www.kudzumonthly.com/kudzu/mar02/Emperor.html

100   ZOLA *Sovereign Individual Emperor Joshua Norton I* http://www.emperornorton.net/ mirror/http/www.zolatimes.com_80/V1.1/norton.html

reunió del Parlament de Califòrnia; l'home li va dir que li sabia molt de greu, i, Norton, per fer-lo content, va escriure en un paper el text que acostumava a figurar als bons i el va signar; l'individu aquell va agafar el paper però en comptes de pagar-li els cinquanta cèntims del bon, va arrencar a córrer fins perdre's entre la multitud; òbviament, una persona gran com ja era Norton no es podia pas posar a córrer darrera seu. L'Emperador va informar d'aquest desgraciat incident al *Pacific Appeal*, el qual va publicar la següent nota:

"Al transbordador de les set per als passatgers del tren, un impresentable que es va presentar com a Senyor Short [Short = Curt] (curt d'honestedat), un mercader de gra de Chicago, va aconseguir fraudulentament la possessió del següent document escrit en llapis

"San Francisco 6, 1872,
Rebuts del Sr Short, cinquanta cèntims, la suma amb interès serà convertida en un 7% en bons el 1880, o pagadors pels agents del nostre patrimoni en el cas que el Govern de Norton I no disposés de fons.

En testimoni de la qual cosa, estampem ací el nostre reial segell i signatura"
Qualsevol persona que agafi aquest individu i l'obligui a pagar alguna cosa als pobres i ens retorni el nostre rebut, farà un servei a l'honor de
Norton I Emperador".

Després de l'escàndol dels Bons Imperials amb l'efígie de l'actriu Nellie Cole, Norton va encarregar-ne la impressió a Charles Murdock, qui va millorar-ne sensiblement el disseny; fins i tot va proporcionar a Sa Majestat un segell perquè no s'hagués d'embrutar els dits de tinta. En una sèrie dels certificats, Murdock va imprimir-hi una imatge de la Gran Foca de Califòrnia, en una altra sèrie, va usar la insígnia de Napoleó Bonaparte: una N majúscula encerclada per una corona de llorer, ara la N era la inicial de Norton. Murdock no va intentar mai fer propaganda de la seva impremta anunciant ser l'impressor de Sa Majestat Imperial, cosa que sabem, només, per les seves memòries. Els nous bons, impresos per Murdock, sortien amb valors nominals de cinquanta cèntims, cinc dòlars i deu dòlars; malgrat que el seu valor real no n'era cap altra que l'autògraf de Norton, alguns dels bons de cinc i deu dòlars es van vendre. Avui dia, els bons que porten la signatura de l'Emperador i la data del dia en què foren venuts són molt valorats pels arxivers i col·leccionistes de Califòrnia; entre els més apreciats es troben els que duien l'efígie de Nellie Cole[101].

4.3. ELS LÍMITS DEL RECONEIXEMENT IMPERIAL

El reconeixement social que Norton va aconseguir amb el seu paper d'emperador tenia, tanmateix els seus límits; els hotels van ignorar les seves peticions de concedir-li un bon allotjament i va haver de conformar-se amb la seva pensió barata; els sastres tampoc no accedien a proporcionar-li un guarda-roba adient a la seva funció imperial; si una vegada li van confeccionar un uniforme nou era perquè ho pagava l'Ajuntament i, malgrat acceptar el seu paper moneda, els bancs no li donaven pas diners. La gent de l'alta societat de San Francisco podia divertir-se comentant els seus edictes imperials, però en els seus salons i celebracions socials, Norton no hi tenia pas entrada[102]. Així per exemple, quan, el setembre de 1865, la reina Emma de les Illes Sandwich —és a dir, de l'actual Hawaii—, va visitar San Francisco després d'haver estat rebuda a Europa per la reina Victòria i per Napoleó III, el comitè de rebuda el va encapçalar el general Henry W. Halleck, qui era al moll per saludar-la mentre els canons de Presidio disparaven les salves reials d'honor. Norton I va poder assistir a l'acte però barrejat entre la gent del públic; aleshores, un periodista, fent veure que n'estava sorprès, va preguntar a l'Emperador com era que no estava entre les autoritats del comitè de benvinguda, que potser no tenia intenció Sa Majestat Imperial de rebre una reina tan jove i tan bonica com Emma? La resposta de Norton fou "No, havent ordenat el general Halleck la rebuda sense la meva direcció, resultaria impropi que jo intervingués en la qüestió. Tanmateix, la visitaré en privat perquè ella ha estat a Europa i, doncs, sabrà com em veuen a les corts d'Anglaterra i França". Com que era molt rigorós amb el protocol, Norton va dir que el general Halleck hauria

101   DRURY, William. *Norton I, Emperor of the United States*, New York, Dodd, Mead, 1986 http://www.emperornorton.net/norton-drury.txt

102   GAZIS-SAX, Joel "The Madness of Joshua Norton" dins de *Tales from Colma* http://www.notfrisco.com/colmatales/norton/norton2.html

hagut d'esperar a rebre la seva ordre per començar les salves reials de benvinguda[103].

Certament, el cens oficial dels Estats Units elaborat el 1870 ens menciona un habitant de San Francisco anomenat Joshua Norton, de professió emperador; ara bé, per tal d'explicar per què aquest ciutadà no tenia pas dret a votar, el redactor d'aquest full de cens no escollí pas l'opció "estranger" (Norton havia nascut fora dels EUA) sinó la de "boig"[104]. Com és natural, l'autor del full del cens deuria considerar Norton un malalt mental perquè es creia que era l'Emperador; ara bé, Norton bé deuria ser realment un emperador des del moment que un document oficial com ho era el cens dels Estats Units el mencionava com a tal[105].

4.4. L'ARREST DE JOSHUA NORTON

El 21 de gener de 1867, l'Emperador va entrar al saló d'un hotel per llegir-hi el diari i seure-hi una estona; ara bé, a causa del seu aspecte deixat, l'amo el va fer fora a crits; Norton va respondre-li que només marxaria si li ho demanaven amb bones maneres i si es disculpava. Aleshores, l'amo de l'hotel va cridar un policia que hi havia de guàrdia, el qual, no sols va fer marxar Norton de l'establiment sinó que, a més, se'l va endur detingut a comissaria, on va formular contra ell el càrrec de vagabundeig[106]; ara bé, com que Norton duia a la butxaca quatre dòlars amb setanta-cinc cèntims i, a més, tenia domicili en una pensió no era pas un vagabund. Llavors, segons va manifestar l'agent, Norton es trobava mentalment incapacitat i, per tant, l'havia arrestat perquè constituïa un perill per a ell mateix i per als altres[107]; calia, doncs, que Joshua Norton fos tancat en un centre per rebre un tractament per a la seva malaltia mental. Poques hores després de la detenció de Norton, el *San Francisco Bulletin* sortia al carrer amb aquesta editorial escrita per George Fitch:

103   DRURY, William. *Norton I, Emperor of the United States*, New York, Dodd, Mead, 1986 http://www.emperornorton.net/norton-drury.txt

104   MOYLAN, Peter *Emperor Norton* http://www.sfhistoryencyclopedia.com/articles/n/nortonJoshua.html

105   DRURY, William. *Norton I, Emperor of the United States*, New York, Dodd, Mead, 1986 http://www.emperornorton.net/norton-drury.txt

106   Ídem

107   *Abraham Joshua Norton* http://home.swipnet.se/~w-40977/coolpeople/norton.html

"En allò que només pot ser descrit com el més miserable dels errors, Joshua A. Norton ha estat arrestat a l'hotel Palace. Se l'acusa del ridícul càrrec de desordre mental. Estimat per tots els sanfranciscans de debò i conegut com a Emperador Norton, el bondadós monarca del carrer Montgomery està molt menys sonat que aquells que s'han inventat aquests càrrecs imaginaris, com veuran quan els lleials súbdits de Sa Majestat siguin informats d'aquest ultratge. Potser cal un retorn als mètodes del Comitè de Vigilància. Aquest diari urgeix tots els ciutadans de bé a comparèixer demà a l'audiència pública del Comissionat de Malalts Mentals, Wingate Jones. Aquesta taca en la història de San Francisco ha de ser esborrada".

Preveient l'enuig popular, abans fins i tot de la publicació d'aquesta editorial, Patrick Crowley, el nou cap de la policia de la ciutat acabat d'elegir, va disculpar-se amb Norton i va ordenar-ne l'alliberament immediat; l'Emperador fou tan magnànim que va concedir un perdó imperial a Armand Barbier, l'agent que l'havia detingut, culpable de traïció i de lesa majestat. Com que en sortir de comissaria, Norton no se n'havia recordat pas d'agafar els seus efectes personals, va haver de tornar-hi l'endemà, fet que fou descrit així per Albert Evans a l'*Alta California*:

"Ahir va comparèixer a l'escriptori de l'encarregat d'efectes personals, va recuperar la clau de palau i del Tresor Imperial, avaluat en 4'75 dòlars en moneda de curs legal; n'acusà el rebut signant amb la seva mà coratjosa "Norton I Emperador dels Estats Units i Protector de Mèxic" va fer que Ah How[108], el seu Gran Camarlenc, testifiqués la seva signatura i partí enmig de les aclamacions dels seus fidels súbdits".

El cas de la detenció de Norton va incidir en un conflicte intern de la policia de San Francisco; segons les ordenances municipals, el cos havia de comptar amb cent homes; ara bé, l'anterior cap Martin J. Burke —el predecessor de Crowley—, per tal d'economitzar en el pressupost, havia reduït el cos a setanta-dos homes. La manca de policies es resolia amb un cos especial pagat no pas per l'Ajuntament sinó per ciutadans par-

---

108   Ah How era un ciutadà de San Francisco d'origen xinès

ticulars; per això, hi havia dos tipus de policies: els regulars —a càrrec dels pressupostos municipals— i els locals —subvencionats per la iniciativa privada—. Els locals eren policies amb uniforme igual com els altres, però, així com un regular se'l podia destinar a qualsevol districte, un local només prestava els seus serveis allà on ho decidia qui el pagava, generalment, algú amb propietats en aquell carrer o barri. Com que, segons sembla, els locals estaven més ben pagats, els regulars els eren hostils. Armand Barbier era un local, i els regulars van quedar molt satisfets de veure com un dels locals feia una atzagaiada com la d'arrestar ni més ni menys que Sa Majestat Imperial. El principal objectiu de Patrick Crowley era esborrar la mala imatge que la policia s'havia guanyat entre els ciutadans durant els vuit anys de mandat de Burke; ara es trobava que tots els seus esforços se n'havien anat en orris per culpa d'una bajanada d'un local; tal com Crowley va preveure, els editorials condemnatoris dels diaris blasmaven la policia en bloc sense preocupar-se de distingir entre regulars i locals. A l'*Alta California*, Albert Evans va aplaudir la decisió de Crowley d'alliberar Norton i recordà als seus lectors que "En el seu dia, Norton fou un respectable home de negocis, i des que ha vestit la porpra imperial no ha vessat sang, no ha robat a ningú i no ha saquejat el país, coses que no es poden dir pas d'altres companys seus". Seguramentt a petició de Crowley, Evans va publicar una nota aclarint que l'agent responsable de l'arrest de Norton no era pas un regular sinó un local. Per això, per tal de deixar clar la lleialtat dels regulars a la Corona, d'ençà d'aleshores, tot regular havia de quadrar-se i saludar en veure passar Sa Majestat Imperial; d'aquesta manera, hom podria distingir entre regulars i locals, a no ser que els locals també es posessin a saludar l'Emperador per, així, fer-se passar per regulars[109]. A més, Norton va rebre el privilegi d'encapçalar les desfilades anuals de la policia i de passar revista als nous cadets; per això, va començar a denominar la policia local de San Francisco la seva Policia Imperial[110].

4.5. EL MITE DE "BUMMER" I "LAZARUS"

Una idea força estesa entre alguns dels que avui dia expliquen la història de Norton I és que l'Emperador tenia dos gossos anomenats "Bummer"

109   DRURY, William. *Norton I, Emperor of the United States*, New York, Dodd, Mead, 1986
      http://www.emperornorton.net/norton-drury.txt
110   *emperor norton* http://www.emperornorton.com/mod/abouten.shtml

i "Lazarus", tal com semblen demostrar-ho tres caricatures del dibuixant Edward Jump. En una, hi podem veure Norton I, vestit amb el seu uniforme oficial menjant en un banquet públic en companyia de dos gossos, que, òbviament, qualsevol persona de San Francisco podia identificar amb el "Bummer" i el "Lazarus"; en una altra de les caricatures, hi apareixen els dos gossos passejant per Montgomery Street a prop de Norton I, i en la tercera, l'Emperador oficiava la cerimònia fúnebre per "Lazarus", mort a l'octubre de 1863, a la qual hi assistien moltes de les persones conegudes de la societat de San Francisco.

Tanmateix, a part de les caricatures de Jump, no hi ha documents de l'època que mencionin cap mena de relació especial entre aquests dos gossos i Norton; així, per exemple, un relat periodístic sobre com va començar l'amistat entre "Bummer" i "Lazarus", ens descriu "Bummer" com un gos vagabund sense amo que ningú no sabia d'on havia sortit abans que arribés als carrers de San Francisco; segons aquest mateix relat, "Lazarus" era un altre gos vagabund a qui "Bummer" va salvar quan un altre gos molt més gran l'estava atacant, aleshores, "Bummer" va prendre "Lazarus" sota la seva protecció i així va començar l'amistat entre tots dos gossos[111], els quals, com que no tenien amo, sempre corrien sols pel carrer. L'amistat entre "Bummer" i "Lazarus", la seva habilitat per caçar rates i les seves trapelleries com ara prendre els ossos als altres gossos o fer aturar cavalls havien dut la premsa local a elevar-los a la categoria de personatges de la ciutat[112]; gairebé no passava cap dia que els diaris no en parlessin, ara bé, gairebé sempre els relats de les aventures dels dos gossos no eren més que un pretext per fer propaganda dels establiments que hi apareixien mencionats. El *Bulletin* de San Francisco va descriure "Bummer" i "Lazarus" com "dos gossos amb un sol lladruc, dues cues que es bellugaven com una de sola".

El 1862, en aplicació d'una ordenança municipal recentment aprovada que obligava tots els gossos a anar lligats i dur morrió, "Lazarus" fou capturat i dut a la gossera municipal; segons l'ordenança, si en el termini de quaranta-vuit hores ningú no pagava la corresponent multa de cinc dòlars, el gos havia de ser sacrificat; en conèixer la captivitat de "Lazarus", Clark Martin, propietari d'una taverna, va pagar la multa

111   *Bummer meets Lazarus* http://www.sanfranciscomemoirs.com/b_and_l_sample.html

112   BARKER, Malcolm E *Bummer and Lazarus: the truth.* http://www.sanfranciscomemoirs.com/b_and_l_truth.html

per alliberar-lo no sense amenaçar l'encarregat de la gossera d'obrir-li el cap; aleshores, a la ciutat de San Francisco va començar una campanya de recollida de signatures per demanar que "Bummer" i "Lazarus" quedessin exempts de l'obligació d'anar lligats i dur morrió; veient que la premsa hi donava suport, al final, l'Ajuntament va decidir concedir a aquests dos gossos la llibertat de poder anar pel carrer sols i sense morrió[113].

Quan "Lazarus" va morir, el *Daily Evening Bulletin* va publicar una extensa necrològica titulada *Plany per Lazarus*; segons sembla, el gos havia mossegat un noi i, en revenja, algú va matar-lo donant-li carn enverinada; Clark Martin va arribar a oferir una recompensa de 50 dòlars per a qui trobés l'enverinador; com que el gos gaudia de la condició de mascota de la ciutat, Albert Evans a l'*Alta California* va arribar a demanar que "Lazarus" fos enterrat amb honors ciutadans al costat de la tomba d'altres personalitats que havien mort assassinades com ara el senador David Broderick. El 1865, "Bummer" va patir una mort lenta i dolorosa quan un borratxo el va colpejar brutalment a puntades de peu; aleshores, Mark Twain, reporter del *Virginia City (Nevada) Territorial Enterprise*, escrigué un dels seus característics obituaris irònics explicant que "Bummer" havia mort "carregat d'anys, d'honor, de malaltia i de puces". Per tal d'evitar que el linxessin, el xerif va fer tancar a la presó el culpable de la mort de "Bummer", però, al calabós, el seu company de cel·la va atonyinar-lo[114].

En realitat, Edward Jump usà la imatge dels dos gossos per ironitzar sobre Norton i també sobre d'altres personatges cèlebres de la ciutat de San Francisco, especialment aquells que destacaven per la seva excentricitat (George Washington II, el Rei dels Calés, el Gran Desconegut, el Rei del Dolor, etc); la caricatura en què l'Emperador apareixia menjant en companyia dels dos gossos duia el títol *The Three Bummers*, fent un joc de paraules amb el nom d'un dels gossos ja que la paraula *bummer* vol dir gorrista o aprofitat; així, la caricatura es titulava *Els tres gorristes*, en al·lusió al fet que tant l'Emperador com "Bummer" i "Lazarus" sempre vivien a costa del que algú els donava[115]. En veure aquesta caricatura, Norton es va sentir tan insultat que, malgrat no ser pas habitualment una persona violenta, va començar a clavar cops de bastó

---

113 DRURY, William. *Norton I, Emperor of the United States*, New York, Dodd, Mead, 1986 http://www.emperornorton.net/norton-drury.txt

114 *The Three Bummers* http://www.notfrisco.com/colmatales/norton/nortpic3.html

115 *The TRUTH about Bummer and Lazarus* http://www.notfrisco.com/nortoniana/

a l'aparador on s'exhibia; alguns curiosos que van aturar-se per contemplar l'espectacle, animaren Norton cridant "Fot-li Emperador!, Bravo!, Ataqueu Majestat!"; tanmateix el que al final va acabar trencant-se no fou pas el vidre de l'aparador sinó el bastó de Norton. La premsa ja se n'ocupà prou d'esbombar aquest incident, i els propietaris de la botiga on s'exhibia el cartell es feren la barba d'or venent-ne còpies a gairebé tothom; en moltes cantines i tavernes, el cartell dels *Three Bummers* anava acompanyat d'un rètol on s'hi llegia SA MAJESTAT IMPERIAL, NORTON I MENJA ACÍ AMB EL BUMMER I EL LAZARUS. Bé, al final, Norton mateix també va sortir guanyant-hi; el bastó trencat el va poder substituir per un de nou amb un petit escut de plata on hi havia la inscripció NORTON I EMPERADOR DELS ESTATS UNITS I PROTECTOR DE MÈXIC regal d'algun admirador secret[116].

Aquesta mateixa idea d'equiparar-lo amb els dos gossos deuria voler expressar el dibuix "Bummer" i "Lazarus" passejant pel carrer a prop de Norton. Naturalment, en la caricatura del funeral de "Lazarus", si Norton hi apareixia encapçalant el sepeli caní era per la seva condició d'emperador no pas perquè ell fos el propietari del gos mort; en el dibuix de Jump, el seguici fúnebre l'encapçalaven l'alcalde i els regidors de l'Ajuntament i qui cavava la tomba era ni més ni menys que George Washington II[117].

Clark Martin féu dissecar el cos de "Lazarus" per un taxidermista i l'exhibí al seu local; des d'aleshores, Norton es va negar a posar-hi els peus perquè no volia pas honrar amb la seva presència un establiment que li recordava la infame caricatura de Jump que el relacionava amb un parell de gossos vagabunds[118]. A la seva mort, "Bummer" també fou dissecat i exhibit. El 1906, les pells dissecades dels dos gossos van ser donades al Golden Gate Park Museum (actualment, el M.H. de Young Memorial Museum); hi van estar emmagatzemades fins que, el 1910, les van llençar. El 28 de març de 1992 fou col·locada una placa commemorativa recordant les aventures i desventures de "Bummer" i "Lazarus" a la base d'un dels senyals més visibles de la ciutat: la Piràmide Transamericana[119].

116   DRURY, William. *Norton I, Emperor of the United States*, New York, Dodd, Mead, 1986 http://www.emperornorton.net/norton-drury.txt
117   Ídem
118   Ídem
119   BARKER, Malcolm E *Bummer and Lazarus* http://www.sfhistoryencyclopedia.com/articles/b/bummerLazarus.html

Si el mite que *Bummer* i *Lazarus* eren els gossos de l'Emperador Norton es troba tan difós és perquè disposa d'una base aparentment molt sòlida.

"Quan vaig venir a la ciutat el 1873, vaig veure l'Emperador al carrer Montgomery, caminant sol a poc a poc, tornant les salutacions greument. Els seus vells amics, els dos gossos vagabunds "Bummer" i "Lazarus", eren morts quan vaig arribar. Quan eren vius, el seguien a tot arreu, i tots tres eren benvinguts a totes les tavernes, on "l'Emperador" s'alimentava i els alimentava gràcies al dinar gratis. Després que "Bummer" i "Lazarus" moriren, ell va quedar-se sol. "Lazarus" fou dissecat i ficat dins d'una capsa de vidre i penjat a la paret de la taverna Van Bergen, al carrer Sansome, a prop de Clay. Va estar-s'hi fins que l'incendi, que va venir amb el terratrèmol, va destruir-lo el 1906. Vaig visitar sovint el lloc i en una ocasió vaig trobar-hi "l'Emperador". Estava menjant solemnement al taulell del dinar. De sobte, va fixar els seus vells ulls en el cos dissecat de "Lazarus". Les llàgrimes li van baixar per les galtes i es barrejaren amb les galetes i el formatge que estava mastegant. "El meu vell amic" va dir amb una veu tremolosa".

L'autor d'aquest relat, publicat pel *Morning Call* el 1934, era Fremont Older (1856-1935), director d'aquest rotatiu i de l'*Evening Bulletin*, diaris que s'havien unit en esdevenir tots dos propietat del magnat de la premsa William Randolph Hearst (1863-1951). Com a director de diaris, Older va arribar a ser un dels personatges principals de San Francisco, admirat fins i tot per aquells polítics que va fer empresonar per corruptes. Arran del prestigi que Older va arribar a assolir, avui dia molta gent accepta com a veritat inqüestionable el seu relat sobre Norton, "Bummer" i "Lazarus". A més, l'escriptora Cora Older, la muller de Freemont, en un llibre sobre San Francisco, també explica que "Bummer" i "Lazarus" eren els gossos de Norton. Per tot això, no han servit per a res els esforços d'alguns periodistes del *Chronicle* i de l'*Examiner* de deixar clar que les històries del matrimoni Older sobre els gossos i l'Emperador no tenien pas res a veure amb la realitat. En primer lloc, en el relat de Fremont Older hi ha una inexactitud: el cos dissecat de "Lazarus" s'exhibia en una capsa de vidre però a la taverna Martin & Horton a la cantonada de Montgomery i Clay, no pas a la taverna de Van Bergen, al carrer Sansome a prop de Clay. De fet, però, aquest error resulta comprensible perquè Older va escriure aquest article seixanta anys després d'haver vist Norton. En segon lloc, Fremont Older no podia afirmar pas que ell tenia una gran coneixença de l'Emperador. Tal com ell mateix ho explica, va arribar a San Francisco el 1873, procedent de Chicago; per tant, no era a la ciutat el 1862, quan Norton va trencar el seu bastó en l'intent de destruir l'aparador on s'exhibia la caricatura titulada *The Three Bummers*. A més, la primera estada d'Older a San Francisco fou molt breu, aviat va marxar-ne; durant onze anys treballà en diaris d'altres ciutats, entre els quals, el *Territorial Enterprise* de Virginia City (Nevada) o l'*Union* de Sacramento i no va tornar a San Francisco com a reporter de l'*Alta California* fins el 1882, quan ja feia dos anys de la mort de Norton. A més, si el coneixement de Fremont Older sobre l'Emperador era superficial, Cora no va veure mai Norton i la seva única font és el que li explicava el seu marit. Quan el tren va començar a dur turistes de tot arreu dels EUA cap a San Francisco, que gaudia de l'atractiu del clima californià, molt semblant al dels països mediterranis i, per tant, força més benigne que el d'altres regions dels Estats Units, molts dels visitants es quedaven sorpresos de l'omnipresència de retrats i imatges de Norton, a qui esperaven veure passejant pel carrer amb el seu uniforme. Si un turista veia la caricatura *The Three Bummers* exposada en una botiga o exhibida en algun local públic, de seguida preguntava a algú de San Francisco si és que l'emperador tenia gossos, i, en molts casos, li deien que sí i encara podien fonamentar més aquesta falsedat ensenyant les altres dues caricatures dibuixades per Jump on es veia Norton en companyia de "Bummer" i "Lazarus". Aquesta és la història que Fremont Older degué sentir explicar el 1873 quan, amb només disset anys, va arribar per primera vegada en la seva vida a San Francisco procedent de Chicago. Quan, ja adult, s'establí a San Francisco no es degué de preocupar mai d'esbrinar si el que li havien dit sobre Norton i els dos gossos era cert o no[120]; el 1934, poca gent deuria quedar que, amb el seu testimoni, pogués desmentir el contingut de l'article del *Morning Call*, escrit per Older.

5. LA FAMA DE NORTON I

A la tardor de 1863, la milícia ciutadana de la Guàrdia d'Oakland organitzava una trobada de milícies ciutadanes d'altres comtats de la

---

120   DRURY, William. *Norton I, Emperor of the United States*, New York, Dodd, Mead, 1986
       http://www.emperornorton.net/norton-drury.txt

zona de la badia, entre els quals, la Segona Brigada de San Francisco. Igual com d'altres centenars de persones, Norton va embarcar-se en el transbordador per presenciar la desfilada militar a Oakland. Un cop desembarcat, Norton va arribar fins a la corda que separava la zona del públic del lloc de la desfilada i va demanar al soldat que hi havia que informés el seu comandant que l'Emperador ja havia arribat i ja estava preparat per passar revista a les tropes. A Oakland, no es consideraven de cap manera obligats a acceptar la comèdia imperial de San Francisco, per això, amb actitud malcarada, el soldat va etzibar-li a Norton un "Fora d'aquí, vell idiota". Ignorant la impertinència del soldat, Sa Majestat Imperial va passar la tanca i es va dirigir cap als llocs dels oficials. Un guàrdia va donar-li ordre d'aturar-se, recordant-li que no podia passar, però l'Emperador no en va fer cas i va continuar endavant. El sentinella l'agafà pel braç i el començà a empènyer cap a enrere i va demanar a un altre company que l'ajudés, al final van dur-lo a una garita dels guàrdies i no l'en deixaren sortir fins que va acabar-se la desfilada. Aleshores, van començar a sentir-se crits per tot arreu; d'entre el públic, els de San Francisco protestaven contra la detenció de l'Emperador mentre que els d'Oakland aplaudien l'actuació dels sentinelles. De retorn a casa, els de San Francisco que acompanyaven Norton estaven furiosos; arran de l'incident, Albert Evans va publicar una forta nota de repulsa a l'*Alta California*, segons la qual, que la Guàrdia d'Oakland s'atrevís a posar les mans sobre Sa Majestat Imperial no es podia considerar menys que Alta Traïció. En realitat, però, l'incident de l'Emperador Norton no era més que una cortina de fum que amagava un conflicte real entre totes dues poblacions, motivat per la ubicació de la terminal del ferrocarril que havia de travessar els EUA de costa a costa. En aquestes circumstàncies, a San Francisco estaven tan predisposats contra Oakland que, fins i tot, van trobar legítim condemnar l'actuació dels guàrdies de la parada militar envers Norton. El ressentiment contra Oakland no deuria ser pas privatiu de San Francisco; arran de l'article d'Evans, tres ciutats van escriure immediatament a l'*Alta California* manifestant la seva fidelitat a la Corona. Marysville, al comtat de Yuba, va convidar Sa Majestat a assistir a la inauguració del tren cap a Oroville, la qual, al seu torn, segons va manifestar, "Desitja mostrar que Oroville és la més progressiva i la més lleial de les ciutats de l'Imperi. Només que Sa Majestat digui una paraula considerarem un honor d'assotar les natges d'aquells traïdors proscrits d'Oakland". Per no ser menys, Petaluma va demanar també una visita imperial, prometent a l'Emperador una rebuda ciutadana.

Bé, aquesta comèdia imperial era la manera d'aconseguir propaganda de la ciutat als diaris de San Francisco.

Pel gener de 1864, l'Emperador va desplaçar-se en vaixell de vapor a Sacramento, on va inspeccionar els nous rails de la línia transcontinental, assistí a les reunions de les dues cambres del Parlament de Califòrnia, on adreçà una proclama al President del Senat californià demanant-li l'aprovació "d'una resolució declarant que els nostres decrets són la Llei de Califòrnia". Aleshores, el 14 de febrer, una delegació de Marysville comparegué a Sacramento per escortar Sa Majestat Imperial cap a visitar la seva ciutat, on va arribar-hi en un carruatge de sis cavalls i fou allotjat en un hotel de primera; la ciutat estava de gala per celebrar la inauguració de la nova línia de tren per Sa Majestat Imperial. Segons el diari local *Daily Californian Express*:

"Ahir, el cèlebre Emperador Norton I de San Francisco, amb les seves grans xarreteres i un nuós bastó de noguera, va arribar a aquesta ciutat, sota escorta, en un carruatge des de Sacramento, i va instal·lar-se a [l'hotel] Western House. Creiem que és la intenció de Sa Majestat visitar Oroville avui i unir-se a la celebració de la inauguració del ferrocarril.

Les banderes onejaven diumenge a l'estació de Marysville, on una gran cua de gent s'esperava per comprar bitllet per pujar al graciosament decorat tren. Dos dels dotze vagons de passatgers estaven reservats per als convidats i dos per als homes dels Marysville Rifles i la Guàrdia de la Unió, que havien de participar en una parada militar a Oroville. Quan l'Emperador va arribar amb el seu seguici, els Marysville Rifles el victorejaren i l'acompanyaren al seu vagó. La sortida es va retardar fins que els menys privilegiats haguessin pujat cap als seus seients. Finalment, quan tots ja havien pujat i el cap d'estació havia baixat la bandera, un senyal de telègraf va avisar a Oroville que el tren ja anava de camí. Fou un viatge divertit. Els Rifles van cantar per a ell tot el camí fins a Honcut i des de Honcut fins a Oroville les cançons "Old Bob Ridley", "My Pretty Yaller Girls", "O, Wrap the Flag Around Me, Boys" i " Weeping, Sad and Lonely". La Guàrdia de la Unió al vagó de darrera va dir que era una cosa horriblement cruel de fer amb un convidat d'honor.

Oroville estava de festa. Segons s'acostava el migdia, el poble sencer semblava contenir-se la respiració esforçant-se a sentir el soroll de la locomotora. Tan aviat va arribar, tènue primer, el vagit del xiulet i el panteix de la xemeneia, cada vegada creixent. Tothom va aplaudir quan el tren, un estam volant al cel, entrà cridaner a l'estació. Davant de l'estació, la Guàrdia d'Oroville estava formada en línia quadrada al voltant d'un canó, que va disparar una salva d'honor. Aleshores, les autoritats pujaren en carruatges i la milícia va alinear-se marxant en ordre darrera d'una cenefa de llautó, que trencava l'aire amb els gallards compassos de "Buffalo Gals" quan la llarga comitiva va començar a avançar pel poble cap a la plaça. Al darrer carruatge, flanquejat per tots dos cantons per dues fileres d'homes amb levita i barret de copa, hi anava l'Emperador. Els espectadors, alineats al carrer, victorejaven i pujaven els seus fills a coll perquè tinguessin una millor visió.

Mira, l'Emperador
Quina imatge
Oferiu-li'n tres dels millors, nois Hip-hip-hip
Hurra
Sa Majestat va saludar graciosament."

Un corresponsal local de l'*Alta California* va descriure la visita de l'Emperador a Oroville d'aquesta manera:

"Va demostrar el seu amor pel seu poble menjant un bon àpat [a l'hotel més important] envoltat d'una multitud d'admiradors. Aquesta oberta i meravellosa condescendència per part del Cap de la Nació emocionaren tant el poble d'Oroville que unes quantes tanques de gespa foren arrencades i home va caure en llàgrimes".

Segons l'edició de l'endemà del *Marysville Express*:

"Ahir al vespre, ell [Norton] estava il·lustrant alguns dels seus súbdits sobre els grans temes del dia. Ells volien saber principalment què en pensava dels bitllets verds, és a dir, del paper moneda introduït per Washington com a mesura de guerra per resoldre les necessitats de moneda. Els bitllets verds eren la moneda de curs legal a l'Est i el Congrés estava pensant d'instaurar-los a l'Oest també; un tema candent al país de l'or, on es considerava que cent dòlars en moneda d'or tenien el poder adquisitiu de més de cent cinquanta dòlars de paper. Sa Majestat tenia moltes coses a dir sobre els bitllets verds:

(...) ell és de l'opinió que el Congrés no té pas autoritat per establir-los com a moneda de curs legal, per la raó que no podia pas obligar el Banc d'Anglaterra a acceptar-los o a rebre'ls; que no s'havien emès amb una base segura; que no hi havia cap mena de seguretat de la seva redempció [pel govern un cop acabada la guerra], i que el seu valor depenia sobre els incerts canvis d'esdeveniments del futur [què passaria, per exemple, si el Nord perdia la guerra]. Així i tot, creu que cal establir una bona moneda nacional, amb prou garanties per protegir la gent del frau. (...) Avui se'n torna cap a Sacramento amb el propòsit d'aconseguir presentar importants resolucions sobre qüestions nacionals; ell visitarà Washington i, d'acord amb el President, emetrà una altra proclama que resoldrà la guerra i establirà el seu imperi sobre tot el país. Sense cap mena de dubte, el Parlament de Califòrnia li proporcionarà una molt valuosa ajuda, perquè els seus membres estan tan bé del cap com l'Emperador[121]"

El Ferrocarril Transcontinental va connectar els Estats Units des de l'Atlàntic fins al Pacífic el 1869; aleshores, com que amb el tren, el viatge de costa a costa es podia fer en set dies, mentre que abans s'hi trigava sis mesos en diligència o en vaixell, San Francisco va esdevenir un destí turístic per a molta gent; per això, l'existència de l'emperador Norton va passar a ser coneguda a tots els EUA. Quan es tractava de donar a conèixer la ciutat de San Francisco a la resta dels EUA, molts periodistes i escriptors consideraven més important parlar de Norton que no pas del Parc de Golden Gate o del zoo amb les seves foques i lleons marins. En realitat, gairebé tota botiga de San Francisco duia el rètol "Per concessió de Sa Majestat Imperial Norton I"; a tot arreu, es venien postals amb l'efígie de l'Emperador, ninots que n'imitaven perfectament la figura i la imatge, cigars amb el seu retrat a l'etiqueta així com litografies en color preparades per emmarcar-les. Una conseqüència de la difusió de la fama de Norton I a nivell nacional foren els obsequis que algunes ciutats feren a l'Emperador; així, el 1867 Pòrtland (Oregon) li va enviar un bastó de passeig anomenat el Ceptre

121   DRURY, William. *Norton I, Emperor of the United States*, New York, Dodd, Mead, 1986 http://www.emperornorton.net/norton-drury.txt

del Serpent, que tenia un mànec de caoba cisellat en forma d'una mà agafant una serp; duia una dedicatòria on s'hi llegia "dels seus lleials súbdits palmípedes"[122]. A San Francisco van veure aquest regal com un intent de Pòrtland de prendre'ls una de les seves majors atraccions turístiques; per això, els principals diaris de San Francisco van ocupar-se de fer entendre a Sa Majestat Imperial que deixar Califòrnia per Oregon seria com canviar la llum del sol per la pluja[123].

Norton I també esdevingué famós fora dels EUA; el 1876, l'emperador Pere II del Brasil, després d'haver assistit a l'exposició organitzada a Filadèlfia amb motiu del primer centenari de la independència dels EUA, visità San Francisco i demanà poder-se reunir amb l'emperador dels Estats Units; la trobada va tenir lloc a la suite reial de l'Hotel Palace i tots dos monarques van estar reunits durant més d'una hora[124]. Per altra banda, el rei Kamehameha de Hawaii va negar-se a reconèixer el departament d'estat dels EUA afirmant que, en les seves relacions amb els Estats Units, ell només faria tractes amb representants de l'Imperi[125].

6.LA MORT I L'ENTERRAMENT DE L'EMPERADOR

6.1.ELS FUNERALS

El dia 8 de gener de 1880 al vespre, Norton anava de camí per assistir a una conferència que feien a l'Acadèmia de Ciències; quan era a la cantonada dels carrers Califòrnia i Dupont (actualment, carrer Grant), tot d'un plegat va caure a terra víctima d'un col·lapse; immediatament, un policia va fer cridar una tartana perquè el portés a l'Hospital, però Norton va morir abans que la tartana arribés. Segons l'autòpsia, la causa de la mort sobtada de Norton fou una apoplexia sanguínia; un dels metges que examinà el cadàver n'extragué el cervell per estudiar-lo, per

---

122 MOYLAN, Peter *Emperor Norton* http://www.sfhistoryencyclopedia.com/articles/n/nortonJoshua.html

123 DRURY, William. *Norton I, Emperor of the United States*, New York, Dodd, Mead, 1986 http://www.emperornorton.net/norton-drury.txt

124 MOYLAN, Peter: *Emperor Norton* http://www.sfhistoryencyclopedia.com/articles/n/nortonJoshua.html

125 http://www.emperornorton.com/mod/abouten.shtml

veure si així descobria alguna explicació a la bogeria de Joshua Norton de creure's ser l'emperador dels EUA.

A les butxaques del seu uniforme, hi trobaren un portamonedes, dos dòlars i mig en monedes d'or, tres dòlars de plata, un franc francès de 1828, un grapat dels Bons Imperials que acostumava a vendre als turistes i dos telegrames falsos enviats, pretesament, l'un pel tsar Alexandre II de Rússia, felicitant-lo pel seu proper matrimoni amb la reina Victòria del Regne Unit, i l'altre pel president de França avisant-lo que aquest matrimoni tindria conseqüències nefastes per a la pau mundial[126]. Tan aviat com es va saber la notícia de la mort de Norton, els periodistes irromperen a l'habitació de la pensió on vivia; tot el que hi trobaren foren unes litografies penjades a les parets amb retrats de la reina Victòria, de la reina Emma de Hawaii, de l'emperadriu Eugènia de Montijo i de d'altres figures de la reialesa, alguns uniformes vells i barrets gastats penjats en claus, el seu sabre amb la faixa i les borles de seda penjant en un altre clau, la seva col·lecció de bastons, cartes i telegrames, entre els quals, la seva correspondència amb la reina Victòria i el president Lincoln; al cap de poc, la descripció de l'habitació de Norton i del que s'hi havia trobat va sortir als diaris[127]. Així, va quedar clar que, realment, Norton era una persona pobra i no pas un avar que fingia pobresa, tal com algunes males llengües havien dit. L'endemà dia 9, el San Francisco Chronicle va publicar en primera pàgina aquesta necrològica:

Le Roi Est Mort

Ahir al vespre, a un quart de nou, Joshua Norton, conegut universalment, i gairebé només com a Emperador Norton, va morir sobtadament en aquesta ciutat. La mort en semblants circumstàncies del primer ciutadà de San Francisco, o del més alt oficial del govern municipal d'aquesta ciutat no hauria causat pas una commoció tan general com la d'aquest vell inofensiu, la monomania del qual no va pertorbar mai fins al final un cor que era bondadós, i amb prou feines va afectar una ment que, una vegada fou la més sagaç, excepte en el mètode d'exercir la seva sobirania

---

126   GAZIS-SAX, Joel "The Madness of Joshua Norton" dins de *Tales from Colma* http://www.notfrisco.com/colmatales/norton/norton2.html

127   Ídem

als Estats Units i el protectorat sobre Mèxic. Va sortir del carrer Kearny cap al carrer Califòrnia, amb la intenció d'ocupar un lloc a l'Acadèmia de Ciència durant el debat de la Societat Hastings. Gairebé havia arribat a la línia est del carrer Dupont a la vorera sud de Califòrnia, va aturar-se un moment, aleshores, féu tentines, va aturar-se de nou i caigué a la vorera bocaterrós. Wm Proll, que fa negocis al número 537 del carrer Califòrnia, anava darrera de l'Emperador, el veié caure i s'afanyà a ajudar-lo. Amb l'ajuda d'altres que van arribar ràpidament, posaren l'Emperador assegut. La seva pèrdua de la paraula i el cap caigut damunt del pit indicaren a la multitud que s'anava congregant ràpidament, cadascun dels quals el coneixia i sabia que era del tot abstemi, que li havia passat alguna cosa greu; el policia de ronda va cridar ràpidament un carruatge perquè el portessin cap a l'Hospital de la Ciutat. Tan aviat com es va aconseguir el cavall de lloguer, quan arribà al lloc, Norton era mort.

En el pudent paviment, en la foscor d'una nit sense lluna, sota les gotes de la pluja i envoltat per una multitud d'estranys perplexos reunits precipitadament, Norton I, per la Gràcia de Déu, Emperador dels Estats Units i Protector de Mèxic, ha deixat aquesta vida. D'altres sobirans han mort sense un tractament tan amable, d'altres sobirans han mort tal com van viure amb tota la pompa de la majestat terrenal, però colpit per la mort, Norton I s'alça com l'igual del més alt Rei o Emperador que mai hagi dut corona. Potser ell s'alça molt més com l'igual de molts d'ells. Ell té un dret més alt a una bona consideració pel seu lema "prohibit caminar a través de la matança cap a un tron i tancar les portes a la compassió per la humanitat". A través de les seves inofensives proclames, es pot veure un innat tarannà amable, un desig d'influir en els costums i una cortesia, la possessió de les quals milloraria materialment l'amarga vida de molts prínceps, els noms dels quals suggereixen aquestes virtuts[128].

El *Morning Call*, un altre dels principals diaris de San Francisco, va publicar també a primera pàgina que "Norton I, per la Gràcia de Déu Emperador dels Estats Units i Protector de Mèxic, ha deixat aquesta

---

128   "Le Roi Est Mort" *San Francisco Chronicle January 9, 1880* http://www.notfrisco.com/ colmatales/norton/nobit.html

vida"[129]; en la seva primera pàgina, l'*Alta California* va concedir molt més espai a la noticia de la mort de Norton que al discurs inaugural de George C. Perkins, acabat d'elegir governador de Califòrnia; segons va manifestar un diari, "San Francisco sense l'Emperador Norton serà com un tron sense rei"[130] com que l'emperador Norton havia esdevingut un personatge conegut a tots els EUA, el *New York Times* li va dedicar una esquela[131], igual com també els principals diaris de Cleveland, Seattle, Denver, Filadèlfia i Pòrtland van donar la notícia de la seva mort; el *Cincinnati Enquirer* va escriure la capçalera més llarga en tota la història del periodisme americà —i potser mundial—:

"CAIGUT A TERRA
L'Emperador Norton ret l'ànima i cedeix el seu ceptre a l'Home del Cavall Blanc. La Ciutat de la Porta d'Or està de dol per aquest mort il·lustre. Un emperador sense enemics, un rei sense regne, se n'ha anat al regne que ha de venir. Mantingut en vida pel Tribut Voluntari d'un Poble Lliure, caigué mort en la cantonada d'un carrer i ara sap què hi ha més enllà[132]"

En un principi, com que Norton era una persona sense recursos econòmics, es va pensar enterrar-lo amb un taüt de pobre; tanmateix, el Pacific Club, una associació d'homes de negocis de San Francisco, va considerar-ho inacceptable; van obrir una subscripció pública i, aviat, aportaren la quantitat necessària per a un bon taüt i un funeral digne. Segons s'explica, mentre el tenien de cos present, tothom a San Francisco —rics, pobres, la gent important, simples ciutadans— va acudir a retre el darrer comiat a l'Emperador[133]. Els funerals per Sa Majestat Imperial Norton I, celebrats el 10 de gener de 1880, foren solemnes; en senyal de respecte, els comerços tancaren i les banderes onejaren a mig pal. Hom considera que entre deu mil i trenta mil persones assistiren a la cerimònia[134]. Norton fou enterrat al cementiri

129   *Abraham Joshua Norton* http://home.swipnet.se/~w-40977/coolpeople/norton.html
130   CARR, Patricia E. *Emperor Norton I The benevolent dictator beloved and honored by Sanfranciscans to this day.* http://www.molossia.org/norton.html
131   *Intro to Emperor Norton* http://annehedonia.populli.net/doggett/EmpNorton.html
132   DRURY, William. *Norton I, Emperor of the United States*, New York, Dodd, Mead, 1986 http://www.emperornorton.net/norton-drury.txt
133   *Le Roi Est Mort* http://www.zpub.com/sf/history/nort3.html
134   *Abraham Joshua Norton* http://home.swipnet.se/~w-40977/coolpeople/norton.html

maçònic a càrrec de l'Ajuntament. La ciutat va viure tres dies de dol per la mort de Norton; es va donar la casualitat que el dia 11, l'endemà del funeral, a San Francisco va haver-hi un eclipsi total de sol, que va deixar la ciutat a les fosques. L'11 de gener de 1880, el *San Francisco Chronicle* va explicar la notícia de l'enterrament de Norton amb aquest article:

Le Roi Est Mort
L'imperial Norton és mort i ha tornat a la pols

El seu funeral va tenir lloc ahir a la tarda; la comitiva fúnebre va sortir de la funerària situada al carrer O'Farell número 16. Durant tota la tarda, les seves restes estigueren de cos present a l'habitació de darrera del dipòsit de cadàvers. Milers de persones van congregar-s'hi per retre l'últim adéu a l'home les peculiaritats del qual en la seva ment, en el seu vestit i en la seva persona l'havien fet conegut per tothom.

L'home de majestat imaginària, Emperador dels Estats Units, Protector de Mèxic i possible consort de la Reina de la Gran Bretanya i Irlanda i Emperadriu de l'Índia, va estar a punt de ser enterrat en una miserable caixa de sequoia. Alguna gent, fixant-se en l'estranya manera de viure del vell, han suposat, d'una manera molt mal pensada, que el seu deliri era simulat i que ell havia adoptat el seu estrany mode de viure com a màscara d'una gran fortuna acumulada mitjançant l'avarícia. Quan es va investigar sobre els seus efectes personals, es va descobrir allò que els seus millors amics sabien: que no disposava de mitjans

A sobre, només hi duia cinc o sis dòlars en moneda petita, que era tot el seu capital. No tenia res que fos de valor, i si no hagués estat pel dolç record de la gent que coneixia Norton i hi havia tingut relacions comercials ara fa molts anys, quan era un ciutadà ric i amb bona situació, hauria tingut un enterrament de pobre a càrrec de l'Ajuntament. Es va presentar un full de subscripció per pagar-li un funeral al *Pacific Club*, on els socis aviat van reunir la quantitat que estimaren necessària. La llista de subscripció encara es pot veure a la taula de la sala del club.

Després de l'autòpsia, divendres el cos va ser preparat per a l'enterrament. Fou amortallat amb una túnica negra, una camisa blanca i una corbata negra, i col·locat en un pulcre taüt de palissandre, endreçat polidament però amb senzillesa. L'interès general pel difunt aviat va manifestar-se; a primeres hores de la tarda de divendres, la gent que recordava amablement aquell curiós vell, molts d'ells amb gratitud i amb afecte, van començar a trucar i a demanar permís per donar una darrera mirada a aquella cara coneguda. Entre aquesta gent, hi havia unes quantes senyores, els vestits de les quals denoten prosperitat, algunes portaven rams per col·locar al taüt. Una, la filla d'un força conegut regidor de l'Ajuntament, a més del seu ram va portar una delicada tela amb un floc de cabells i va penjar-la a la solapa de la mortalla. Aquesta senyora va mostrar una greu pena i se li notava el sentiment més profund entre totes les persones que es reuniren al voltant del fèretre. Va explicar que ella coneixia el difunt des de la seva infantesa, i que quan era ric li havia tingut moltes atencions. Quan era petita, ell acostumava a portar-li cada dia flors, que, aleshores, eren molt cares.

A primeres hores d'ahir al matí va començar la cua de visitants cap al fèretre; cap a les set en punt, uns quants ja hi havien arribat, alguns eren jornalers que havien baixat del carro de camí cap a la feina per tal de donar una darrera mirada a les restes d'algú que tothom recordava amb sentiments amables; d'altres, eren homes de negocis que van aturar-se en el seu camí cap al centre de la ciutat amb un propòsit similar. Aviat, el nombre va començar a incrementar-se i hi havia una gran gentada que demanava l'oficina poder entrar a l'habitació on les restes estaven exposades, donaven una darrera mirada a les faccions i es situaven cap a la sortida per deixar lloc per al creixent nombre de visitants. Cap al migdia, centenars de persones s'estaven a la vorera esperant el seu torn; es va haver d'avisar la policia perquè regulés l'entrada. Els visitants eren gent de totes les classes, des de capitalistes fins a pobres, des de capellans fins a carteristes, senyores ben vestides i aquelles el vestit de les quals deixava entreveure la seva marginació social; tanmateix, predominava el vestit dels treballadors. La tapadora del taüt l'havien treta una mica, deixant les faccions de la cara a la vista; estaven plàcides i arreglades com en vida, no mostraven cap senyal de patiment durant el suprem instant. Alguns van remarcar que el perfil de la cara i l'arreglament habitual de la barba, que foren observades en l'amortallament, s'assemblaven força a les del darrer emperador dels francesos, amb la qual cosa,

81

el reporter d'un altre diari del matí, va aixecar les orelles i se'n va anar a engrandir els detalls de la retirada per concloure que el difunt afirmava ser un fill il·legítim de Lluís Napoleó, i que el nom del taüt estava equivocat, cosa del tot absurda.

La inscripció del taüt, seguint les millors fonts d'informació, afirma que Norton tenia 65 anys, Lluís Napoleó, que va néixer al Palau de les Tulleries el 20 d'abril de 1808[135], si encara és viu[136], només tindria sis anys més que ell. Norton mai no va afirmar ser fill seu. Les flors, corones i rams, eren tan nombroses que cobrien del tot la tapa del taüt; només es veia la placa de plata, on s'hi llegia aquesta inscripció gravada:

"Joshua A. Norton Mort el 8 de gener de 1880 Al voltant dels 65 anys d'edat[137]"

Durant el "regnat" de Norton I (1859-1880), els presidents dels EUA foren James Buchanan (1857-1861), Abraham Lincoln (1861-1865), Andrew Johnson (1865-1869), Ulysses S. Grant (1869-1877) i Rutherford B. Hayes (1877-1881).

6.2. EL TRASLLAT A COLMA

El 1902, qüestions d'higiene i de necessitat d'espai van dur l'Ajuntament de San Francisco a prohibir la construcció de nous cementiris i la pràctica d'enterraments a la ciutat; aleshores, totes les tombes de San Francisco van començar a traslladar-se cap a Colma un poble situat al sud que, des d'aleshores, s'ha dedicat a la funció de fer de cementiri de San Francisco, per això, en aquest poble el nombre de persones enterrades als seus fossars supera, i de llarg, el d'habitants vius[138]; el trasllat de les tombes de San Francisco cap a Colma va ser conflictiu perquè molta gent va intentar evitar el trasllat dels sepulcres dels seus familiars; per això, aquest procés no va arribar a cloure's fins 1942[139]. En aplicació de les ordenances municipals de 1902, el 30 de juny de 1934, cinquanta-quatre anys després de la seva mort, la tomba de Nor-

---

135 El naixement de Norton ens cal situar-lo entre 1811 i 1818

136 L'autor d'aquest article no sabia pas que Lluís Napoleó Bonaparte —Napoleó III (1852-1870)— havia mort el 1873

137 http://www.emperornorton.net/mirror/http/www.holycow.com_80/dreaming/lore/emperor.html

138 *San Francisco Cemeteries* http://www.sanfranciscocemeteries.com/Welcome.html

139 *Tales from Colma* http://www.notfrisco.com/colmatales/

ton fou traslladada al Cementiri de Woodlawn a Colma; es va fer una nova cerimònia amb honors militars i, igual com el dia dels funerals, les banderes foren baixades a mig pal i els comerços tancaren[140]. El 7 de gener de 1980, a San Francisco es va commemorar el centenari de la mort de l'Emperador[141]. El 1998, va ser col·locada una nova làpida a la tomba, on s'hi pot llegir "Norton I, Emperador dels Estats Units i Protector de Mèxic".

6.3. LA POLÈMICA DE L'ENTERRAMENT

El dissabte després de l'enterrament de Norton, la revista *Wasp*, un setmanari il·lustrat, publicava una fotografia de l'Emperador a la portada; el seu editor, Salmi Morse va iniciar-hi una polèmica que s'ha mantingut viva fins avui dia assenyalant un fet que cap altre mitjà de comunicació dels Estats Units va tenir en compte: Norton havia nascut jueu[142], mai no s'havia convertit formalment a cap altra religió, però la comunitat jueva de San Francisco no es va preocupar pas d'enterrar-lo al cementiri jueu ni de donar-li sepultura segons el ritu hebreu. Morse, un jueu ateu, va aprofitar-ho per llençar un fort atac contra la comunitat jueva de San Francisco; sis dies més tard, Abe Seeligsohn, editor de *The Jewish Progress*, va respondre als atacs de Morse bescantant la qualitat dels seus poemes.

Aquesta polèmica, la va tornar a plantejar el 1974 el rabí William M. Kramer, professor de la Universitat de l'Estat de Califòrnia, autor de la monografia *Emperor Norton of San Francisco*, l'únic llibre que no tracta Norton com un simple pallasso[143], on hi va escriure:

"Quan fou clausurat l'antic Cementiri Maçònic on les reials restes eren enterrades, en van treure el cos de l'Emperador Norton després de cinquanta-quatre anys de mort; el cos el van trobar intacte, amb les etiquetes de pergamí i tot; el col·locaren en una

---

140 *emperor norton* http://www.emperornorton.com/mod/abouten.shtml

141 *Abraham Joshua Norton* http://home.swipnet.se/~w-40977/coolpeople/norton.html

142 Suposant, és clar, que el registre de baptisme de 1811 a nom de Joshua Abraham Norton no correspongui pas a qui després seria l'Emperador dels Estats Units. Als EUA ningú no deuria conèixer l'existència d'aquest document, conservat en un arxiu parroquial d'Anglaterra.

143 DRURY, William. *Norton I, Emperor of the United States*, New York, Dodd, Mead, 1986 http://www.emperornorton.net/norton-drury.txt

tomba provisional al comtat de San Mateo. Una vegada més, cap jueu va alçar-se per reclamar el compliment del tradicional imperatiu diví (un "mitzvah") d'enterrar un jueu segons els costums del seu poble. (...) Hom només pot especular que els jueus de San Francisco es veien pertorbats per l'excentricitat de Norton. Es consideraven una comunitat digna de ser presa seriosament. Potser no podien suportar veure's relacionats amb el monarca de la bogeria. (...) Potser, lluny d'ignorar Norton, els jueus de San Francisco van negar-li els seus serveis per tal de respectar la seva voluntat".

Aquesta darrera teoria, Kramer la basava en unes declaracions del rabí Isaac Mayer Wise, editor de *The American Israelite*, el 1869 explicant que Norton oblidava els seus orígens jueus perquè es considerava un descendent de la branca francesa de la Casa de Borbó. Fins i tot així, Kramer va lamentar l'absència de l'Estrella de David en el monument funerari existent damunt de la tomba de l'Emperador a Colma; per això, el rabí Kramer va fer el que considerava el seu deure: anar a la tomba de Norton a cantar-hi el *Kaddix*, una oració fúnebre jueva[144].

---

144   Ídem

JOSHUA ABRAHAM NORTON

1.INFANTESA I JOVENTUT

No sabem pas del cert quan i on va néixer Joshua Abraham Norton, l'home que el 1859 es proclamà emperador dels Estats Units. Segons els registres de Shifnal, parròquia situada dins de la jurisdicció de la capella de Priors-Lee (actualment Telford, a Anglaterra), Joshua Abraham Norton va néixer el 17 de gener de 1811, fill de John i Sarah Norton, i hi fou batejat un més després, el dia 20 de febrer[145]. Per la seva banda, el 1820, en el moment d'arribar al Cap de Bona Esperança, John Norton va dir a les autoritats d'immigració de Sud-àfrica que el seu fill Joshua Abraham, allà present, tenia dos anys[146], amb la qual cosa, caldria situar el seu naixement el 1818 i no pas el 1811. Si els registres de Shifnal diuen que el 20 de febrer de 1811 fou batejat un nen anomenat Joshua Abraham, fill de John i Sarah Norton, això ha de ser cert, altrament no fóra pas lògica l'existència d'aquesta partida de baptisme; tanmateix, tampoc no té sentit que, el 1820, John Norton mentís o s'equivoqués en dir l'edat del seu fill; a més, a simple vista, tothom sap distingir una criatura de nou anys —l'edat que llavors hauria hagut de tenir Joshua si hagués nascut el 1811— d'una de dos anys. Per intentar explicar aquesta contradicció, ací suposem que, realment, el 1811, el matrimoni Norton va tenir un fill i li va posar Joshua Abraham; ara bé, aquesta criatura deuria morir al cap de poc i, al fill nascut el 1818, li van donar el nom del germà mort. Com és sabut, fins ben entrat el segle xx, la mortalitat infantil era molt elevada; moltes criatures morien no sols abans d'haver arribat a la pubertat sinó, fins i tot, durant el primer any de vida; en molts casos, si en una família es moria una criatura i, després, tenien un altre fill, a aquest segon fill li posaven el nom del germà mort. Resulta curiós que, si més no el 1811, un fill del matrimoni Norton fos batejat, ja que aquesta família era jueva i va mantenir-se

---

145   http://en.wikipedia.org/wiki/Joshua_A._Norton

146   DRURY, William. *Norton I, Emperor of the United States*, New York, Dodd, Mead, 1986 http://www.emperornorton.net/norton-drury.txt.

fidel al judaisme. D'altres documents afirmen que Joshua Norton va néixer a Londres el 14 de febrer de 1819, tanmateix es tracta de fonts secundàries, que potser no coneixien l'existència del registre parroquial de Shifnal ni la declaració de John Norton a Sud-àfrica. Al seu torn, Robert Cowan situa el naixement de Joshua Norton al 4 de febrer de 1819, probablement a Escòcia[147].

El 1820, en arribar al Cap de Bona Esperança, dins d'un grup d'uns cinc mil colons anglesos, la família Norton estava formada per John, de vint-i-cinc anys, la seva dona Sarah, de vint-i-dos i els seus fills Louis, de quatre, Joshua, de dos, i Philip, acabat de néixer; a Sud-àfrica naixerien els altres fills de matrimoni Norton: Esther, Louisa, Selina, Mary Ann, Henry i Benjamin John. A molts d'aquests immigrants, els primers anglesos establerts a Sud-àfrica, colònia britànica des de 1814, als quals els Bòers, descendents dels antics colons holandesos que s'hi havien establert entre 1689 i 1707, anomenaven "els Pioners de 1820", el govern de Londres els havia concedit terres perquè s'hi establissin com a pagesos; a John Norton li van correspondre uns cent acres de terra estèril a la zona del riu Great Fish a Albany, un erm que els Bòers anomenaven *Die Zuurveld* —el camp feréstec—. Més enllà del riu, hi havia Kaffraria, la terra dels Xhosa, una tribu hostil als colons blancs.

Segons el cens de 1824, a la finca dels Norton hi treballava un esclau mascle menor de setze anys; ara bé, igual com molts dels altres colons anglesos, John Norton fracassà en l'intent de bastir una explotació agrícola; per això, com la majoria d'ells, va decidir deixar la terra i mirar d'establir-se a ciutat. Gràcies a un amic seu anomenat Benjamin Norden, un pioner de 1820 que havia prosperat ràpidament com a home de negocis a Graham's Town, fins al punt d'arribar a ser-hi regidor de l'Ajuntament, John aconseguí el capital necessari per poder muntar-hi una botiga. Com que la botiga va prosperar, Sarah Norton podia tenir una esclava que l'ajudés en les feines de casa; quan, el 1833, el govern britànic va abolir l'esclavitud a les colònies, aleshores l'esclava va continuar treballant a casa dels Norton com a criada; per altra banda, John Norton va poder enviar el seu fill gran, Louis, a estudiar al *South African College* (l'actual Universitat de Ciutat del Cap), que havia començat a funcionar el 1829. Aleshores, Joshua anava a escola en una petita acadèmia dirigida pel professor C. C. Grubb, un altre

---

147   Cowan, Robert Ernest "Norton I Emperor of the United States and Protector of Mexico" Printed in the *Quarterly of the California Historical Society*, October, 1923.http://www.emperornorton.net/NortonI-Cowan.html

dels Pioners de 1820 que, havent fracassat com a pagès, va decidir dedicar-se a l'ensenyament; segons sembla, Grubb inculcava als seus alumnes la frugalitat donant-los instruccions molt precises sobre com estalviar el paper i els llapis. Grubb era anglicà i a la seva acadèmia ensenyava religió cristiana; per això, Joshua es trobava que a l'escola el formaven com a cristià mentre que, a casa, la seva família practicava el judaisme. La fe jueva dels Norton només es podia practicar en l'àmbit familiar no pas a conseqüència de cap mena de repressió o de persecució, sinó perquè ells i la família Norden eren els únics jueus de Sud-àfrica, per la qual cosa, no hi havia ni rabins ni sinagogues.

Louis i Philip Norton es casaren amb noies d'origen escocès; aleshores, John va fer Louis soci en la botiga i va comprar a Philip una granja; el 1839, Joshua va rebre del seu pare el capital necessari per establir un magatzem a la Badia d'Algoa en associació amb Henry Kirch, un afrikaner que s'havia casat amb Esther Norton. Tanmateix, el negoci de Joshua fou un fracàs total perquè, al cap de només divuit mesos, es va haver de declarar en fallida. Benjamin Norden, l'amic dels Norton, havia esdevingut regidor de l'Ajuntament de Ciutat del Cap; el 27 de setembre de 1841, la vigília de la festa jueva del Dia de l'Expiació, va organitzar el primer acte públic de culte jueu a Sud-àfrica; una setmana més tard, va fundar *Tikvath Israel*, la societat jueva de Ciutat del Cap; aleshores, John Norton va establir un magatzem a Ciutat del Cap, on Joshua va treballar-hi com a dependent; John col·laborà en la construcció de la sinagoga i, segons sembla, una vegada va escridassar el seu fill Joshua perquè mostrava una actitud irreverent amb les pregàries que s'organitzaven a casa seva. El 1848, John Norton va morir a Anglaterra on havia viatjat per trobar un rabí per a *Tikvath Israel*; abans havien mort també Sarah, Louis i Philip; en el seu testament, John va deixar-ho tot al més gran dels seus fills vius: Joshua[148].

2.JOSHUA NORTON A SAN FRANCISCO

2.1.LA PROSPERITAT

El 1849, quan tenia trenta o trenta-vuit anys, Joshua Norton va decidir emigrar a Califòrnia; el desembre d'aquell any, va fer cap a San

---

148   DRURY, William. *Norton I, Emperor of the United States*, New York, Dodd, Mead, 1986
       http://www.emperornorton.net/norton-drury.txt.

Francisco en un vaixell alemany procedent de Rio de Janeiro. Gràcies a l'herència que li havia deixat el seu pare, disposava de 40.000 dòlars en el moment d'arribar als Estats Units. Aleshores, Califòrnia vivia un moment d'eufòria econòmica iniciada després que, el 1848, s'hi descobrissin jaciments d'or; atreta per la Febre de l'Or, gent de tot arreu del món hi acudia amb l'esperança de fer una fortuna fàcil trobant or. A conseqüència d'aquesta allau d'immigrants, Califòrnia, annexionada als EUA després de la guerra contra Mèxic de 1846-1848 i admesa com a estat de la Unió el 9 de setembre de 1850, passà en poc temps de ser una regió gairebé verge, on els pocs nuclis de població eren les missions fundades en temps dels espanyols, a esdevenir un dels estats més poblats i dinàmics dels EUA.

A la costa de Califòrnia, un petit poble anomenat San Francisco va quedar gairebé abandonat quan molts dels seus habitants se n'anaren cap a les mines d'or de l'interior. Tanmateix, com que la badia de San Francisco fou el lloc d'entrada de molts dels buscadors d'or, el poble esdevingué un bon lloc per a negociants i especuladors; en només un any, el seu nombre d'habitants va passar de només cinc-cents a trenta mil, i, els preus del sòl s'hi van disparar desorbitadament. La descoberta de plata al territori de Nevada el 1859 va acabar convertint San Francisco en una important metròpoli, on la classe dirigent la formaven banquers, especuladors i advocats que, per donar-se un toc de distinció, seguien la moda de París; a partir de 1860, San Francisco va anar adquirint les característiques de gran ciutat que l'han anat definint. A Califòrnia, molta gent desitjava adquirir terra, comprant-ne o, fins i tot, ocupant-ne amb l'esperança que l'ocupació acabés convertint-se en propietat; amb les ordenances de Van Ness, l'ajuntament de San Francisco reconeixia la propietat de les terres de Western Addition a qualsevol que pogués demostrar que les havia ocupades; per això, es resolien de forma violenta molts dels litigis sobre terres entre algú que en reclamava la propietat en virtut d'unes escriptures i algú altre que s'hi havia establert. Fins a l'esclat de la bombolla financera arran de la crisi de 1857, molta gent s'hi va fer rica i s'hi va arruïnar estafant-se i enganyant-se els uns als altres; aquesta fou una altra de les raons del clima de violència que s'acostumava a viure a la ciutat.

Un cop establert a San Francisco, Joshua Norton no es va dedicar pas a la recerca d'or sinó als negocis de compra i venda de mercaderies; per això, associat amb Peter Roberston, un antic agent de navegació de Baltimore, va fundar l'empresa *Joshua Norton & Company*,

General Merchants, ubicada primer en una cabana de lloguer situada als carrers Montgomery i Jackson. També va comprar el *Genessee*, un vaixell ancorat a la cala de Yerba Buena per emmagatzemar-hi la seva pròpia mercaderia o per llogar-lo a d'altres perquè el fessin servir de magatzem; aquest era l'ús que, a San Francisco, hom acostumava a donar a molts dels vaixells ancorats a la badia, abandonats perquè els seus tripulants s'havien estimat més anar-se'n a buscar or als jaciments. Amb els diners que guanyava amb els seus negocis, Norton va comprar terrenys en tres cantonades dels carrers Sansome i Jackson, en les quals va obrir-hi una fàbrica de cigars, un petit edifici d'oficines construït de fusta i un molí d'arròs; també va adquirir parcel·les a la zona de Rincon Point, les quals van pujar ràpidament de preu quan la companyia de vaixells de vapor *Pacific Mail Steamship Company* va establir-hi una terminal de passatgers i un magatzem. El 1851, la cabana que Norton havia llogat va cremar-se arran d'un dels incendis que va patir la ciutat; de fet, els sis incendis que es declararen a San Francisco entre 1849 i 1851 s'atribuïen a comerciants que amb la crema dels seus magatzems aconseguien desfer-se de gènere que no podien vendre i recuperaven aviat les pèrdues amb els diners de l'assegurança o bé a l'acció de gent de tipus marginal, ex-convictes o fugitius dels penals britànics d'Austràlia, establerts al barri de Sydney Town; ara bé, en una ciutat construïda de fusta i sense un bon sistema d'aigua, era normal que sovint s'hi calés foc. Després d'aquest incendi, Norton va traslladar el seu negoci a un edifici de granit situat al carrer Battery 110, on hi havia les oficines dels principals homes de negocis de la ciutat, amb els quals Norton va relacionar-s'hi i va fer-hi tractes.

Joshua Norton era un dels homes de negocis més respectats de San Francisco; el 1852, només tres anys després d'haver arribat a Califòrnia, la seva fortuna s'avaluava en 250.000 dòlars, equivalents a uns 5 milions de dòlars de l'any 2000; el 1851, Norton figurava entre els noranta-quatre destacats homes de negocis que signaren una petició al Congrés dels EUA demanant que a San Francisco s'hi obrís un centre emissor de moneda. Després de l'incendi de 1851, l'oligarquia financera i econòmica de la ciutat va crear el Primer Comitè de Vigilància per lluitar contra els delinqüents, amb mètodes tan expeditius com ara penjar sense judici tots aquells que capturaven. Norton no havia resultat gaire perjudicat per l'incendi de 1851; les seves mercaderies eren al vaixell *Genessee*, fora, doncs, de l'abast de les flames i encara hi va sortir guanyant llogant cambres del vaixell a tots aquells que havien perdut els seus magatzems en el foc; tanmateix, mantenir-se al marge del Comitè de Vigilància l'hauria dut a patir l'ostracisme per part dels altres homes de negocis que, pel seu origen britànic, l'haurien estigmatitzat com a compatriota de molts dels trinxeraires de Sydney Town; segurament no deuria ser gaire partidari dels linxaments i per això, dins del Comitè, Norton era un moderat, partidari de donar l'oportunitat de defensar-se a tots aquells que fossin capturats[149]. Així, per exemple, fins i tot en el cas de James Stuart, àlies Jim l'Anglès, buscat a Marysville per assassinat, a San Francisco per robatori amb violència i a gairebé tot arreu per saltejador de camins, Norton va demanar que es fes un judici just a l'acusat. Segons les normes del Comitè, ni tan sols es permetia que l'acusat fos present mentre se'l jutjava, per això la indefensió era total. En una reunió del Comitè, Norton va exigir que es concedís als acusats la possibilitat de ser escoltats pels que els jutjaven; aquesta proposta resultava inacceptable per als representants de la línia dura; finalment, després d'un llarg i tens debat, la petició de Norton va dur a aprovar una moció segons la qual "cap criminal no serà condemnat fins que ell o ella hagi tingut l'oportunitat de declarar-se culpable o de negar les acusacions i d'exposar les raons segons les quals consideri que el judici no ha estat just". Lògicament, parlar de "criminal" i no pas "d'acusat" significava negar una garantia processal tan bàsica com ho és la presumpció d'innocència; el text de la resolució parlava "d'ell o ella", però no consta pas que entre els capturats pel Comitè hi hagués mai cap dona. Al final, Jim l'Anglès fou penjat després que el Comitè sentís, més que no pas escoltés, allò que Jim va dir en defensa pròpia. L'actuació expeditiva del Comitè de Vigilància anava més enllà de no respectar les garanties processals pròpies d'un estat de dret; Sam Whittaker i Bob McKenzie, còmplices de Jim l'Anglès, estaven tancats a la presó del comtat complint condemna; un dia, un escamot del Comitè va assaltar la presó, agafà els dos reclusos i els penjà al carrer; molta gent es va divertir presenciant l'execució.

Segons ho expliquen alguns dels que el conegueren en aquella època, a Joshua Norton el sorprenia que molts americans es referissin al seu país, expandit recentment per l'annexió de Texas i d'altres territoris conquerits a Mèxic després de la guerra de 1846-1848, corresponents als actuals estats de Nou Mèxic, Colorado, Utah, Nevada, Califòrnia

149 GAZIS-SAX, Joel "The Madness of Joshua Norton" dins de *Tales from Colma* http://www.notfrisco.com/colmatales/norton/norton2.html

i Arizona, anomenant-lo "l'Imperi", igual com qualsevol britànic denominava tots els vastos dominis de la reina Victòria. La paraula "Imperi" apareixia sovint en diaris, poemes patriòtics o llibres; en qualsevol poble o ciutat de l'Oest, com era el cas de San Francisco mateix, resultava normal trobar-hi un hotel anomenat *Empire House*. Norton se'n reia perquè, com acostumava a observar, els imperis els governen emperadors i no pas polítics elegits. Quan parlava de política, Norton es manifestava del tot contrari al sistema republicà ja que, segons ell, el model òptim era la monarquia vigent a Gran Bretanya; en opinió de Norton, els Estats Units era infamement vulgars i havien de ser reformats, s'hi havia de proclamar un emperador, una vegada va dir "Si jo fos Emperador dels Estats Units, vostès veurien els grans canvis que hi faria"; d'ençà d'aleshores, alguna gent li va posar el motiu "d'Emperador".

A partir de 1856, la vida política americana va veure's amenaçada pel risc de patir un greu daltabaix; els territoris colonitzats més enllà de les primeres tretze colònies necessitaven seguir un procés abans de ser admesos com a estats de la Unió de ple dret. Des de principis del segle XIX, als EUA hi havia estats esclavistes (els del Sud) i estats lliures, és a dir, on l'esclavitud no estava pas permesa (els del Nord); des de l'admissió de Missouri com a estat de la Unió amb règim esclavista (1821), s'havia seguit sempre la política de contrarestar l'admissió d'un estat esclavista amb la d'un altre de lliure i viceversa; ara bé, el 1850 s'havia admès Califòrnia com a estat lliure sense haver-ne admès alhora un altre d'esclavista i, per tant, l'equilibri s'havia trencat; al Sud temien que, al Senat dels EUA, els dos senadors de Califòrnia poguessin donar la majoria als abolicionistes; per calmar els sudistes, el Congrés va aprovar la Llei d'Esclaus Fugitius: un esclau que fugís a un estat lliure havia de ser restituït al seu propietari; els estats del Nord veieren aquesta llei com un atac a la seva sobirania estatal. Segons va anar enverinant-se la qüestió de l'esclavitud, tothom veia a venir una secessió dins de la Unió; a Califòrnia hi havia tan sudistes com nordistes, per això, les opinions estaven força dividides; d'entre els diaris de San Francisco, l'*Alta California* era nordista i el *Herald*, sudista. Aquesta divisió d'opinions va dur alguns dels dirigents polítics californians a plantejar seriosament la possibilitat de constituir l'estat en república independent si s'esdevenia una secessió dins del conjunt de la Unió; al final, però, durant la Guerra Civil (1861-1865), Califòrnia va mantenir-se dins de la Unió. Sobre el tema de la secessió, Norton

considerava inadmissible que un estat pogués amenaçar d'indepen-
ditzar-se per protegir la seva economia, fent passar els seus propis in-
teressos per davant dels de la nació; segons havia manifestat en més
d'una ocasió, una cosa així només podia passar en un país dividit pels
interessos polítics de trenta-un estat sobirans, però mai en un país on
les províncies estiguessin unides per l'autoritat d'un únic sobirà[150].

2.2. L'ESTIMBADA

A San Francisco hi havia una gran demanda d'arròs a causa de la pre-
sència d'una important colònia d'immigrants xinesos; l'arròs consumit a
Califòrnia procedia, principalment, de la Xina; ara bé, una successió de
males collites va provocar-hi la fam, cosa que hi va impedir continuar
exportant arròs cap a Califòrnia; aleshores, a San Francisco, el preu de
l'arròs va pujar de quatre a trenta-sis cèntims la lliura, és a dir, de 9 a 79
cèntims el quilo. Aleshores, al port de San Francisco hi havia ancorat el
Glyde, un vaixell carregat amb 200.000 lliures (90 tones) d'arròs peruà.
Donant-li a entendre que li estava facilitant una informació privilegi-
ada amb la qual podria fer un gran negoci, Willy Sillem, el corredor
mercantil del *Glyde*, actuant en nom dels germans Ruiz de Lima, va
convèncer Norton perquè comprés el carregament del vaixell a dotze
cèntims la lliura, és a dir, per un total de 25.000 dòlars; si el venia a
trenta-sis cèntims la lliura, el benefici seria de 72.000 dòlars.

El 22 de desembre de 1852, Norton va demanar un crèdit de 2.000
dòlars a pagar en trenta dies per tal de comprar el carregament del
Glyde; ara bé, a l'endemà, va arribar a San Francisco un grup de vai-
xells carregats amb arròs peruà, amb la qual cosa, el preu de l'arròs va
baixar a tres cèntims la lliura. Norton va intentar anul·lar el contracte
afirmant que l'arròs del *Glyde* era d'una qualitat inferior a les mostres
que Sillem li havia ensenyat abans de comprar-lo; per la seva banda,
els germans Ruiz, propietaris del *Glyde*, demandaren Norton per exi-
gir-li que pagués el preu acordat[151] i arribaren a fer-li embargar les
seves propietats. Després d'una interminable batalla legal d'apel·laci-
ons i més apel·lacions, el maig de 1855 els tribunals acabaren donant
la raó als Ruiz, i Norton va haver de pagar els vint mil dòlars que li

---

150 DRURY, William. *Norton I, Emperor of the United States*, New York, Dodd, Mead, 1986
     http://www.emperornorton.net/norton-drury.txt

151 MOYLAN, Peter: *Emperor Norton* http://www.sfhistoryencyclopedia.com/articles/n/
     nortonJoshua.html

demanaven més les costes del judici; com que les despeses del procés havien estat molt elevades, Norton no va poder pas pagar el preu d'unes parcel·les que havia comprat a Henry Meiggs, situades al moll de San Francisco, per això, la banca de Sherman les va embargar; com a conseqüència de les seves dificultats econòmiques, la lògia maçònica va expulsar Norton per no pagar les seves quotes d'associat. D'altra banda, Henry Meiggs, també conegut com Harry l'Honrat, era un regidor de l'Ajuntament de San Francisco que s'havia dedicat a falsificar cèdules municipals per finançar el seu moll i la urbanització de la zona de North Beach; quan la seva actuació fraudulenta va quedar al descobert, va fugir a l'Amèrica del Sud deixant un deute impagat de 800.000 dòlars, la qual cosa va dur a la ruïna molts banquers i especuladors en béns immobles, entre els quals, Norton, que havia invertit en els projectes de Meiggs.

Incapaç de vendre els carregaments que havia comprat, Norton va treballar durant un temps com a corredor de béns immobles; per altra banda, arran de la crisi que es visqué a San Francisco el 1855, va haver de malvendre's les propietats que tenia al carrer Jackson: el molí d'arròs, l'edifici d'oficines i la fàbrica de cigars. Ara bé, ací no finalitzaren pas els seus problemes; un arquitecte anomenat Norman Bugbee havia atorgat poders a Norton sobre les seves operacions financeres a Califòrnia durant els tres anys que va passar-se visitant la seva família a l'Est dels EUA; aleshores, Bugbee va tornar a San Francisco i demanà a Norton que li retés comptes de la seva gestió; aquest, però, li va respondre amb evasives, esperant segurament els beneficis d'una transacció que havia fet usant els diners de Bugbee, el qual va acudir als tribunals, i Norton fou acusat als diaris de malversació i desfalc; per tal de resoldre el problema, demanà un crèdit al banquer Sherman presentant com a garantia la seva participació en el negoci de l'aigua; Sherman només li va deixar els diners necessaris per satisfer les peticions de Bugbee. Angoixat per trobar una manera com guanyar-se la vida, Norton va escriure al Jutge Edward Mc Gowan, president del Partit Demòcrata del Comtat, demanant-li que el proposés per al càrrec de Cobrador d'Impostos; un estranger no podia ni ocupar càrrecs públics ni tan sols votar, per tant, aquesta sol·licitud sembla suggerir que Norton ja es deuria haver nacionalitzat americà, cosa no comprovable perquè tots els arxius d'immigració i naturalització de San Francisco van desaparèixer arran de l'incendi i del terratrèmol de 1906; com que per nacionalitzar-se americà, la llei exigeix haver residit als EUA durant almenys cinc anys, Norton hauria pogut nacionalitzar-se a partir de desembre de 1854, cinc mesos abans que, el 20 de maig de 1855, els Demòcrates celebressin un congrés per designar els seus candidats per a les eleccions de la ciutat i el comtat, unes eleccions molt importants perquè s'havia aprovat una nova carta municipal que refonia la ciutat i el comtat en un sol districte. Aleshores, però, la persona més influent a San Francisco era el senador David C. Broderick, d'origen irlandès, el qual conferia els càrrecs de la seva confiança a d'altres irlandesos; un anglès com Norton no tenia cap possibilitat, per tant, la seva sol·licitud adreçada al Jutge Mc Gowan estava condemnada al fracàs.

A causa de les seves dificultats financeres, Norton havia hagut d'anar-se'n a viure a una pensió barata del carrer Montgomery; ara bé, al cap de poc, els anuncis que posava als diaris anunciant els productes que venia (arròs, oli, etc.) situaven el seu domicili a l'hotel Tehama House. Aquest canvi d'adreça va dur el *Morning Call* a escriure la següent nota:

"Alguns homes de negocis van intentar ajudar-lo confiant-li la venda d'una quantitat de mercaderies a comissió. Els resultats foren desastrosos i insatisfactoris per a tots; Norton fou acusat de mala fe tant pels compradors com pels venedors. Se l'acusa d'haver-se quedat amb molts diners de les transaccions, la qual cosa li va permetre deixar la seva pensió i instal·lar-se a l'Hotel Internacional, un dels principals de la ciutat".

En realitat, malgrat el que el *Morning Call* volgués dir, Norton no vivia pas a l'Hotel Internacional, sinó al Tehama House, que no era, ni de bon tros, el més important de la ciutat.

L'agost de 1856, Norton va demanar que se'l declarés insolvent ja que amb el seu capital, 15.000 dòlars, no podia pas respondre dels seus deutes, valorats en 55.000 dòlars. Immediatament, el banquer Sherman va embargar les participacions de Norton en el negoci de l'aigua i les vengué a la *San Francisco Gas Lighting Company*, l'antecessora de l'actual *Pacific Gas and Electric Company*. Entre 1857 i 1858, Norton va dedicar-se a vendre articles de consum, per això, posava anuncis als diaris sobre cafè, cacau i d'altres mercaderies; tanmateix, els seus negocis van anar cada vegada a menys[152]. Segons el cens de San Fran-

---

152   GAZIS-SAX, Joel "The Madness of Joshua Norton" dins de *Tales from Colma* http://www.notfrisco.com/colmatales/norton/norton2.html

cisco, el 1858 Joshua Norton vivia en una pensió al carrer Kearny 255, una barriada de classe obrera, del tot impròpia d'un home de negocis amb èxit[153].

A finals de 1858, Norton va desaparèixer de San Francisco; ningú no en va saber res fins que va tornar a la ciutat a les acaballes de l'estiu de 1859; aleshores, se'l podia veure passejant pel carrer amb un barret de castor i un uniforme de la marina; per la seva manera de comportar-se, era evident que s'havia tornat boig; finalment, el 17 de setembre de 1859 fou quan Norton es presentà a les oficines del *San Francisco Bulletin* per publicar l'anunci de la seva proclamació com a emperador dels Estats Units[154].

3. LA BOGERIA

Durant els gairebé vint-i-un anys que transcorregueren des del 17 de setembre de 1859 fins a la seva mort (8 de gener de 1880), Joshua Norton va semblar assumir plenament la identitat de Sa Majestat Imperial Norton I Emperador dels Estats Units i Protector de Mèxic. Ara bé, era realment així? Norton s'havia tornat boig, o només ho feia veure? Entre els que dubtaven que Norton fos realment boig, hi havia Albert Evans, director de l'*Alta California*, autor del següent article:

"Els ignorants creuen que l'Emperador està tocat del bolet, però ací pensem que el seu cap està del tot clar. Donant una ràpida mirada a Sa Majestat, hom podria imaginar-se que està perquè el tanquin a Stockton, però aquest no és pas el cas".

Com sabem, l'existència de Norton en la seva època d'emperador fou miserable: viure en una habitació d'una pensió de mala mort, pidolar, mitjançant les taxacions a favor del Tresor Imperial, a antics amics i coneguts dels seus temps d'home de negocis per aconseguir uns quants dòlars i, sobretot, ser la riota primer de tot San Francisco i, al final, del conjunt dels EUA. L'antic home de negocis atent a qualsevol possibilitat de guanyar diners va ser incapaç, fins i tot, de demanar una compensació econòmica a tots aquells que es lucraven amb l'ús de la seva imatge

153   MOYLAN, Peter: *Emperor Norton* http://www.sfhistoryencyclopedia.com/articles/n/nortonJoshua.html

154   *emperor norton* http://www.emperornorton.com/mod/abouten.shtml

com a emperador: els venedors de postals amb la seva efígie, els propi-
etaris dels comerços i establiments que feien servir els seus rètols "Per
concessió de Sa Majestat Imperial Norton I" com a reclam per acon-
seguir més clients i, sobretot, els editors dels diaris que si acceptaven
publicar les proclames i edictes imperials, fins al punt d'inventar-se'n
de falsos si no en tenien d'autèntics, era simplement perquè així ve-
nien més diaris; si després de la construcció del ferrocarril que enllaçà
tots els EUA de costa a costa, l'existència de l'emperador Norton va dur
molts turistes a San Francisco, la ciutat no estava en deute amb Joshua
Norton? Per altra banda, com ja s'ha dit, en una ocasió, fou l'emperador
Norton qui va impedir un assalt violent al barri dels xinesos de San
Francisco que, si s'hagués produït, seguraments hauria acabat no sols
amb pèrdues materials sinó també amb ferits i morts. Certament, si
el 1859 s'hagués buscat feina com a escombriaire, durant els seus dar-
rers vint-i-un anys Joshua Norton hauria tingut una vida millor que la
que va tenir; per això, si deia que era l'emperador dels EUA és perquè
realment creia que ell regnava als Estats Units igual com Napoleó III
ho feia a França o Francesc Josep I a Àustria. Per tant, malgrat el que
Albert Evans pogués escriure, hem de suposar que Norton era boig de
debò perquè, si no, la comèdia no hauria tingut pas cap mena de sentit.
Seguraments ell mateix n'era conscient, tal com es veu en aquesta carta
que va escriure al senador John Sherman:

> "Benvolgut senador Sherman:
> M'haig de disculpar per no haver contestat la carta que em va
> enviar ja fa un temps. De fet, les meves ganes i la meva força per
> governar aquesta nació se m'estan acabant ràpidament. Ho faig
> tot només per a la seva ingratitud infinita. Sense paga, sense
> roba, sense palau[155]".

Quan era un ric i pròsper home de negocis, Norton no va presentar
mai símptomes d'excentricitat, ni, menys encara, de bogeria; Nathan
Peiser, algú que coneixia Norton de quan vivia a Sud-àfrica amb la seva
família, explicava que un dia, Joshua Norton havia irromput violenta-
ment en un lloc on uns jueus s'havien reunit per pregar. Potser ho va
fer per cridar l'atenció, ara bé aquesta bretolada d'adolescent és l'única

---

155   DRURY, William. *Norton I, Emperor of the United States*, New York, Dodd, Mead, 1986
       http://www.emperornorton.net/norton-drury.txt

extravagància que es coneix en la vida de Norton abans de 1859; si no hagués tingut l'acudit de proclamar-se emperador dels EUA, segur que aquesta anècdota no hauria tingut cap importància a l'hora de jutjar la seva vida. Per tant, el més segur és que Norton perdés el seny com a conseqüència del trauma que li devia significar la seva ruïna econòmica; des de 1853 fins 1858, la seva vida no va ser cap altra cosa que un fracàs continu, que el va dur a caure en picat en l'escala social.

Segons explica el mateix Nathan Peiser, un dia ell va tenir una conversa privada amb Norton a San Francisco i no va poder estar-se de preguntar-li com era que anava pel carrer disfressat amb un uniforme i es feia dir emperador; aleshores, Joshua Norton li va confessar un secret: ell no era pas fill de John i Sarah Norton sinó que era un príncep hereu de la Corona de França; per evitar que l'assassinessin, l'havien enviat a Ciutat del Cap on fou acollit per la família Norton; ell conservava el nom de Norton en agraïment a l'amor i l'afecte que li havia donat la seva família d'acollida; usava el títol d'emperador perquè hi tenia dret i l'uniforme que duia era un regal de la reina Victòria d'Anglaterra; tots els habitants dels Estats Units i de Mèxic eren els seus súbdits. Aviat, un diari jueu de Cincinnati va difondre la notícia d'aquesta trobada de Norton amb Peiser. Aleshores, un redactor de l'*American Israelite*, publicat pel Reverend Isaac Mayer Wise, fundador del Judaisme Reformat, va preguntar a l'Emperador si era veritat que fos jueu; Peiser ho era i, segons el seu testimoni, la família de Norton, amb la qual va viure a Sud-àfrica durant una temporada, també. La resposta de Norton a la pregunta de l'*American Israelite* fou:

"Com podria ser que jo fos jueu, si estic tan estretament relacionat amb els Borbó?[156]"

Quan va morir, Norton duia a la butxaca una moneda francesa de 1828, que, lògicament, deuria dur l'efígie del rei Carles X, germà i successor de Lluís XVIII, el qual, destronat per la revolució de 1830, que portà a la proclamació de Lluís Felip d'Orleans com a nou rei, fou el darrer Borbó a regnar a França; potser per això, Norton considerava aquella moneda francesa com una mena de "record de família". Aquesta creença seva de ser fill de la família reial francesa potser tam-

---

156   DRURY, William. *Norton I, Emperor of the United States*, New York, Dodd, Mead, 1986
       http://www.emperornorton.net/norton-drury.txt.

bé explica una petita estranyesa del personatge: si es deia Joshua Norton, com és que, en assumir el paper d'emperador, es feia dir Norton I en comptes de Joshua I? Com és sabut, tots els reis i emperadors fan servir el seu nom de fonts i no pas el seu cognom; per això parlem de la reina Victòria, de l'emperador Francesc Josep, del tsar Alexandre, etc. Napoleó, que esdevingué emperador de França a conseqüència de la Revolució en què, el 1793, Lluís XVI i Maria Antonieta foren guillotinats, fou sempre enemic d'Anglaterra; per això, aquest país donava suport a la restauració de la monarquia a França, que, efectivament, es va dur a terme després de la derrota de Napoleó (1814), instituint com a nou rei de França Lluís XVIII, germà de Lluís XVI; el nom de Lluís XVII es donà al fill de Lluís XVI, mort a la presó del Temple en estranyes circumstàncies el 1795. A causa del suport britànic a la restauració de la Monarquia a França, a Anglaterra, el país natal de Norton, molta gent posava als seus fills els noms habituals en la família reial francesa, tal com ho feren els pares de Norton amb el seu primer fill, Louis, el seu tercer fill, Philip, i la seva primera filla, Louisa; ara bé, Joshua no és pas cap nom relacionat amb la Casa Reial de França; potser això és el que va confirmar a Norton la seva creença de ser un príncep reial acollit per una família plebea per així evitar que l'assassinessin; a principis del segle xix, moltes persones explicaren històries d'aquest tipus; en tots els casos, aquestes pretensions de reialesa resultaren ser falses, igual com ho foren les de tots aquells que es presentaren a França afirmant ser Lluís XVII i explicant històries inversemblants sobre la seva supervivència durant la Revolució[157].

En intentar diagnosticar quin tipus de bogeria podia patir Joshua Norton, cal tenir sempre present que ell mai no va ser atès ni examinat per cap psicòleg o psiquiatre; per altra banda, totes les anàlisis sobre la seva personalitat s'han fet després de la seva mort, és a dir, quan resultava impossible observar-lo, examinar-lo o sotmetre'l a cap mena de teràpia.

Alguns biògrafs han considerat els seus deliris de grandesa com a senyal que Norton era esquizofrènic; ara bé, Norton no patia mai d'al·lucinacions ni visuals ni auditives, ni tampoc de manies persecutòries com ara creure que algú volgués assassinar-lo, ni assetjava les dones amb peticions sexuals fora de lloc. Addie Lucia Ballou (1838-1916),

157 MOYLAN, Peter: *Emperor Norton* http://www.sfhistoryencyclopedia.com/articles/n/nortonJoshua.html

poetessa, escriptora, pintora, conferenciant, sufragista, predicadora metodista, activista pels drets civils i lluitadora contra la pena de mort, va escriure sobre Norton:

"La bona opinió de les senyores resultava molt important per a ell, i sempre alçava cortesament el seu barret quan se'n trobava alguna que conegués"

Addie Ballou va pintar un retrat de Norton, cosa que, després, també farien d'altres pintors; mentre s'estava a l'estudi de Ballou posant per al retrat, l'Emperador va parlar-li dels seus esforços fracassats en l'intent de trobar una emperadriu; ell va admetre una certa inseguretat amb les dones, les quals, però, semblaven defugir-lo; va admetre que a moltes dones els deuria resultar difícil establir relacions amb algú de la reialesa. Algun tipus d'amistat va formar-se entre tots dos perquè Addie Ballou va arribar a visitar l'habitació de la pensió on s'estava Norton[158]. Una vegada, Norton va escriure una carta a Minnie Wakeman, una noia de setze anys força atractiva, resident a Oakland, on li deia "Estimada senyoreta Wakeman. En els meus preparatius per aconseguir una Emperadriu, em sentiria molt complagut si vostè em permetés de fer ús del seu nom. Hi estaria disposada, faci-m'ho saber però mantingui-ho en secret, em sembla que és la manera més segura"; aquesta carta la va signar "El seu atent enamorat l'Emperador"; potser aquesta carta cal relacionar-la amb un edicte que publicà el 1875 anunciant la seva intenció de casar-se i tenir així una emperadriu. En resposta a la seva carta, Norton va rebre una nota de la noia agraint-li a Sa Majestat les seves atencions però dient-li que ella ja estava compromesa[159]. Seguramente, Norton va sentir-se contrariat, però el cas és que va acceptar la negativa de Minnie Wakeman sense sotmetre-la a cap tipus de coacció ni d'assetjament; l'únic moment de tensió va produir-se perquè quan la carta de Minnie va arribar a la pensió de Norton, ell era a Sacramento, on s'hi va passar dues setmanes; de retorn de la capital de Califòrnia, Norton va decidir anar-se'n directament a Oakland sense passar per San Francisco i, per això, va presentar-se a casa de Minnie amb la intenció de visitar-la sense te-

158   DRURY, William. *Norton I, Emperor of the United States*, New York, Dodd, Mead, 1986 http://www.emperornorton.net/norton-drury.txt

159   MOYLAN, Peter: *Emperor Norton* http://www.sfhistoryencyclopedia.com/articles/n/nortonJoshua.html

nir coneixement que ella ja l'havia rebutjat; immediatament després d'haver arribat a casa seva i d'haver vist la carta de la noia, Norton va escriure a Minnie una carta de disculpa explicant-li que, de cap manera, se li hauria acudit passar-la a veure si hagués tingut ocasió de llegir la carta on ella el rebutjava[160]. Per això, resulta molt difícil considerar esquizofrènia la malaltia mental de Norton; els seus edictes imperials exigint roba i millors condicions d'allotjament demostren que ell era conscient de la seva situació i de la realitat que l'envoltava[161]. Al seu llibre *Llums i ombres a San Francisco*, escrit el 1876 quan, arran de la construcció del ferrocarril, San Francisco atreia visitants de tot arreu dels EUA, Benjamin Lloyd (1848-1907) va descriure Norton com algú amb coneixements d'història i sobre d'altres ciències que podia parlar sobre qualsevol tema i donar opinions correctes; el seu únic problema consistia a estar totalment convençut de ser realment l'emperador dels EUA[162]; aquesta és la imatge que se'n feia tothom que s'hi relacionava, i és la que potser va dur el periodista Albert Evans a dubtar de la bogeria de Norton. Segons la descripció que Isobel Field, fillastra del novel·lista Robert Louis Stevenson, en va fer al seu llibre *Aquesta vida que he estimat* Norton "era un home amable i cortès, i, afortunadament, va trobar-se en la ciutat més simpàtica i sentimental del món, amb la idea "deixeu-lo ser un emperador si vol ser-ho", la ciutat de San Francisco va seguir-li el joc[163]"

4.JOSHUA NORTON I EL SEU ENTORN

El deliri o la disfunció mental que van dur Joshua Norton a publicar al diari l'anunci de la seva proclamació com a emperador va veure's agreujat per la reacció de la ciutat de San Francisco: els periodistes que li publicaven els edictes als seus rotatius, la gent que al carrer el saludava com a emperador, els policies que es quadraven davant seu, els que li concedien petits privilegis com ara dinar en un restaurant, anar al teatre o usar els transports públics gratuïtament; tots aquests

160 DRURY, William. *Norton I, Emperor of the United States*, New York, Dodd, Mead, 1986 http://www.emperornorton.net/norton-drury.txt

161 *Diagnosing Norton* http://www.notfrisco.com/colmatales/norton/nortdiag.html

162 MOYLAN, Peter: *Emperor Norton* http://www.sfhistoryencyclopedia.com/articles/n/nortonJoshua.html

163 MOYLAN, Peter *Emperor Norton* http://www.sfhistoryencyclopedia.com/articles/n/nortonJoshua.html

contribuïren a confirmar a Norton la seva creença que, de debò, ell era l'emperador dels EUA.

La reialesa té el seu encant i la seva màgia; per això, avui dia, en països on la institució monàrquica no ha existit mai, com ara els EUA, o bé s'ha abolit, cas de França, la gent segueix amb interès les històries de nissagues reials estrangeres com ara els Windsor; a tot arreu gaudeix d'acceptació per part del públic la premsa rosa dita també del cor, és a dir, revistes dedicades principalment a parlar de la vida de prínceps i princeses. Una mostra d'aquesta síndrome monàrquica la trobem a Portugal; en aquest país, arran de la revolució de 1910 Manuel II, l'últim rei de Portugal, va haver de marxar a l'exili i es proclamà la República; ara bé, el 13 de maig de 1995, el duc Eduard de Bragança, l'hereu dels antics reis, va contraure matrimoni; la cerimònia es va celebrar a Lisboa amb l'assistència del President de la República, del Primer Ministre, d'altres membres del govern, del Cos Diplomàtic i de persones importants en la vida social del país, igual com si Portugal fos encara una monarquia i Eduard de Bragança regnés de veritat. Naturalment, per poder gaudir del glamour reial els ciutadans d'un determinat país han de pagar-ne el preu: admetre l'existència d'una autoritat no democràtica i, sobretot, mantenir a càrrec dels pressupostos de l'Estat, és a dir, dels impostos pagats pels contribuents, una persona i la seva família a nivell de molt alt estànding. Doncs bé, amb Norton I, a San Francisco van aconseguir fer la quadratura del cercle: tenir un emperador sense haver de renunciar a la democràcia i sense haver de pagar-li una cort imperial. Seguramt, exhibint als seus aparadors els rètols on s'hi llegia "Per concessió de Sa Majestat Imperial Norton I", molts comerços i establiments de San Francisco deurien creure que es posaven al mateix nivell que les grans capitals europees, en una època en què gairebé tots els països d'Europa eren monarquies; l'única diferència era que a Europa els reis i els emperadors eren de debò mentre que, a San Francisco, Norton I no era més que un pobre boig de qui tota la ciutat se'n reia i se n'aprofitava per dur a terme una comèdia que tothom deuria trobar força divertida, ja que, altrament, no l'haurien acceptada. San Francisco s'havia enriquit i havia crescut sobtadament a partir de la Febre de l'Or; potser acceptar l'imperi de Norton I va ser un estirabot propi de nous rics, una espècie que, aleshores, hi deuria abundar molt.

En els relats de les aventures i desventures de l'emperador Norton, sovint es presenta com un personatge negatiu l'agent de policia Armand Barbier, que va arrestar Joshua Norton per tal de recloure'l en un centre per a malalts mentals. Barbier va veure el que resultava obvi: Norton era boig i, en conseqüència, calia dur-lo a algun lloc on el poguessin atendre; ara bé, llavors, als habitants de San Francisco se'ls acabava la diversió que tenien amb Norton; per això van organitzar un moviment de protesta que va dur Patrick Crowley, el cap de la policia local, a alliberar Norton, qui, d'aquesta manera, va poder continuar exercint com a emperador pels carrers de San Francisco, però a canvi de perdre la potser darrera oportunitat que va tenir de recuperar el seny i refer la seva vida.

Quan Norton va morir, els membres del molt distingit *Pacific Club* van considerar impropi que se li fes un enterro de pobre, el que li corresponia segons els seus recursos econòmics, i van obrir una subscripció per comprar-li un bon taüt, i tota la ciutat va participar en una cerimònia digna d'un autèntic emperador. Bé, aquesta fou la primera mostra d'agraïment de San Francisco amb algú que, durant gairebé vint-i-un anys, els havia proporcionat diversió cada dia, a més de beneficis econòmics com a atracció turística; potser més hauria valgut que, quan era viu, li haguessin proporcionat bona alimentació, roba i una casa decent en comptes de la pensió de mala mort en què va haver de viure o bé l'atenció mèdica necessària per superar la seva malaltia mental, però és clar, això darrer significava renunciar a la comèdia de l'emperador.

L'emperador Norton és un producte genuïnament americà; amb les seves proclames i edictes, Joshua Norton desafiava les autoritats i n'usurpava les funcions; ara bé, en aplicació de l'esmena primera de la constitució americana, que garanteix a tothom el dret a llibertat d'expressió, Norton estava en el seu perfecte dret a dir que ell era l'emperador dels Estats Units, i, com que no va dur a terme mai cap acte de violència contra ningú, no hi havia cap motiu per perseguir-lo. Si en aquella època —o en d'altres de posteriors— algú s'hagués passejat pels carrers de Barcelona dient que era l'emperador de Catalunya o el rei d'Aragó o alguna altra cosa per l'estil, segurament les *autoridades competentes* l'haurien detingut per subversiu, rebel i separatista i hauria tingut molta sort de sortir-se'n només amb una condemna de presó, i una cosa semblant hauria passat en qualsevol altra ciutat europea. A l'URSS, quin hauria estat el destí d'algú que hagués tingut el deliri de proclamar-se Tsar de Totes les Rússies i d'adreçar-se als diaris perquè li publiquessin els seus decrets imperials?

5. D'ALTRES PERSONATGES DE SAN FRANCISCO

En realitat, Norton no fou pas l'únic personatge extravagant de San Francisco; aquesta ciutat va tenir també d'altres notables excèntrics; d'entre els que foren contemporanis de l'emperador Norton, es poden destacar[164]

a. James Lick: el 1847 va arruïnar-se comprant dunes de sorra sense valor; ara bé, com que en aquestes dunes s'hi va obrir el carrer Montgomery, un dels principals de la ciutat, Lick es va fer milionari; també va fer fortuna venent pianos a l'Amèrica del Sud i, llavors, va dedicar-se a invertir en béns immobles a San Francisco. Hom el considerava el més garrepa de tot Califòrnia i amb raó; es vestia amb roba vella que agafava de contenidors d'escombraries i, segurament per no gastar aigua en va, tampoc no es rentava mai; a un nebot seu que el va anar a veure el va fer dormir damunt la tapa d'un piano. Al final de la seva vida degué penedir-se ja que amb una part de la fortuna que va deixar es van construir els *Banys Licks*, uns banys públics per a pobres, com també va fer donació a la ciutat d'un monument al Progrés de l'Oest, on ell hi apareix representat, i va deixar a la Universitat de Califòrnia la seva tomba, situada al Mont Hamilton, on s'hi va construir l'Observatori Lick.

b. El Rei dels Calés: un prestador escanyapobres i garrepa que seia davant del Saló dels Corredors Mercantils; una vegada va enviar un tros d'ungla del peu a una neboda seva que li havia demanat un record personal.

c. Tom McAlear el Brut: mai no va rentar-se i cobrava uns quants cèntims per menjar-se o beure's qualsevol sòlid o líquid que li donessin, per repugnant que fos; fins i tot per a una ciutat com San Francisco aquest individu va resultar excessiu; el van tancar a la presó perquè vivia com una bèstia.

d. El Rei del Dolor: era un xerraire de fira que es dedicava a vendre un ungüent meravellós; segons ell deia, si algú s'untava tot el cos amb aquest oli tindria una tal protecció contra el vent i la pluja que ja mai més no necessitaria posar-se roba. Sempre duia

---

164   *City of Kooks?Notable San Francisco Eccentrics* http://www.notfrisco.com/colmatales/
       sfecc.html

un vestit vermell brillant, un gran mantell de vellut, un barret amb una ploma d'estruç i un pesat sabre. Quan es va fer ric amb la venda de l'ungüent, es va comprar un carruatge negre com el carbó i sis cavalls completament blancs. Al final, ho va perdre tot en deutes de joc i va acabar suïcidant-se.

e. Albert Evans àlies Coronel Mostatxo: com a director de l'*Alta California*, difonia els edictes imperials de Norton I així com totes les trapelleries de "Bummer" i "Lazarus". Va trobar una manera fàcil de fer negoci com era publicar Proclames Imperials, òbviament falses, mencionant algun establiment de la ciutat a canvi que el propietari li fes algun regal; la Proclama donava dret a l'amo del negoci a exhibir el rètol de "Per Concessió de Sa Majestat Imperial Norton I"; si algú que tingués una botiga de comestibles es trobava rates al local, la solució era anar-ho a dir a Evans, qui, a canvi d'alguna compensació, publicaria una notícia explicant com "Bummer" i "Lazarus" havien exterminat totes les rates del local. Una altra especialitat d'Evans era relatar la vida i miracles dels excèntrics de la ciutat "Probablement, cap altre poble al món de les mateixes dimensions té tants individus destacats per les seves peculiaritats; entre els quals cal destacar com a primer de la llista l'Emperador Norton I". Evans escrivia això sense saber que a ell també el comptaven dins de la llista d'individus extravagants de San Francisco a causa de l'estrafolari bigoti que duia, pel qual havia rebut el malnom de "Coronel Mostatxo"[165]

f. Willie Coombs també conegut com a George Washington II: originari de Nova York va traslladar-se a San Francisco; es creia que era la reencarnació de George Washington i, per això, anava sempre amb un tricorni, un estendard, una pell de cérvol colrada i un uniforme de l'Exèrcit Continental, pretenent així imitar la indumentària de George Washington; també duia una banderola on s'hi podia llegir "l'Esperit de George Washington encara és viu". Una altra vessant de la seva activitat era la pràctica de la frenologia; mitjançant pòsters, anuncis i la seva pròpia veu s'anunciava com el Gran Candidat Matrimonial; als salons, es dedicava a consultar mapes i documents per planificar batalles i tenia la dèria d'escriure cartes al Congrés dels EUA. Per això,

---

165   DRURY, William. *Norton I, Emperor of the United States*, New York, Dodd, Mead, 1986
       http://www.emperornorton.net/norton-drury.txt.

va esdevenir rival de Norton; en els seus articles, el Coronel Mostatxo els descrivia tots dos com a les dues glòries que coronaven el col·lectiu d'indigents de la ciutat. Un dia, Coombs es presentà a la comissaria de policia on va denunciar Norton per desenganxar-li els seus pòsters; la policia li va respondre que allò no era pas cap delicte i que, en tot cas, havia de posar una demanda civil. Aleshores, se'n va anar cap a la seu de l'*Alta California* on va explicar-los el seu problema; quan li van preguntar com era que Norton li feia una cosa com aquella, ell contestà que això era "Perquè està gelós del meu èxit amb el bell sexe".

Poc després, el *Christian Enquirer* de Baltimore va rebre un reportatge d'un corresponsal anònim de San Francisco explicant que, entre les curiositats que podien trobar a San Francisco tots els habitants de l'est dels EUA que hi viatgessin en tren, hi assenyalava dos famosos guillats, l'un que es creia ser l'emperador dels EUA i l'altre que s'imaginava que era la reencarnació del Pare de la Pàtria; l'article mencionava la deixadesa de Norton i la mirada de boig de Coombs com els principals atractius de l'un i l'altre. Quan aquest mateix article va aparèixer a l'*Alta California*, la qual cosa sembla demostrar l'autoria del Coronel Mostatxo, Coombs es va presentar a les oficines del diari fet una fúria cridant que ell no estava pas boig i fent saber el seu enuig perquè l'haguessin comparat amb aquell ximple d'en Norton; segons sembla, en el moment que Coombs va sortir del despatx, va entrar-hi Norton amb el mateix humor[166]. Quan van haver passat uns quants dies, l'*Alta California* va publicar una proclama imperial de Norton ordenant al Cap de la Policia "capturar el Professor Coombs, falsament anomenat Washington núm 2 per sediciós i turbulent, i de fer-lo tancar immediatament, per al seu bé i per al bé públic, a l'Asil Estatal per a Llunàtics durant almenys trenta dies". En aquestes circumstàncies, Coombs va decidir que havia arribat el moment de tornar-se'n cap a Nova York. Mark Twain se l'hi va trobar el 1868; encara es creia que era la reencarnació de George Washington i anava exhibint les seves cames per a plaer de les dones. Va demanar al Congrés que li donessin la mansió de William Penn (1644-1718), inici-

---

166 DRURY, William. *Norton I, Emperor of the United States*, New York, Dodd, Mead, 1986
http://www.emperornorton.net/norton-drury.txt

ador de la colonització de Pennsilvània i fundador de la ciutat de Filadèlfia; quan aquest edifici va ser enderrocat, aleshores, va demanar que li donessin el Monument a Washington.

g. Sam Brannan: era un mormó que va arribar a San Francisco en vaixell; es va mostrar desagradablement sorprès en descobrir que aquesta ciutat havia passat a formar part dels EUA; segons es creu, en veure la bandera americana onejant va exclamar "Un altre cop aquesta maleïda bandera". En un principi, tenia pensat viatjar per terra fins a Utah, on havia de trobar-se amb Brigham Young, el dirigent mormó que, el 1847, va fundar el primer poble d'Utah; tanmateix, Sam Brannan i alguns dels mormons que havien vingut amb ell acabaren quedant-se a San Francisco; quan Young li va exigir que li enviés els delmes de la comunitat, ell va respondre-li que el Senyor seria ben vingut si venia a recollir-los en persona. Aviat, Brannan va deixar els mormons i es va dedicar als negocis; va anunciar la descoberta d'or a Sutter's Mill després d'haver obert un magatzem a Sacramento; a San Francisco, fou l'organitzador del Primer Comitè de Vigilància i, aviat, esdevingué un dels homes més rics de Califòrnia. Va comprar uns terrenys a Napa Valley, on va fundar-hi un establiment que s'havia de dir Saratoga, en record d'una batalla de la Guerra de la Independència en què els americans van derrotar els brtiànics; ara bé, a l'acte de la inauguració s'hi va presentar borratxo i va anunciar que el lloc es diria Calistoga, Sarafornia, i el nom que va acabar quedant fou el de Calistoga. Aquesta fou l'única propietat que li va quedar després de divorciar-se de la seva dona; ara bé, com que la va administrar malament, va acabar fent fallida. Brannan va morir en la misèria a Escondido (Califòrnia).

h. Ambrose Bierce: dotat d'un càustic sentit de l'humor, va esdevenir l'àrbitre de la literatura a la Costa Oest dels EUA. Va arribar a San Francisco el 1868 on va heretar el lloc de "Pregoner del Poble" d'un altre gran humorista com ho era Mark Twain. Ni tan sols William Randolph Hearst, l'amo del diari on Bierce treballava, podia evitar ser víctima de les seves invectives; el 1896, Hearst va enviar Bierce cap a l'est dels EUA perquè fes servir la seva llengua esmolada per escarnir Collis B. Huntington i la companyia ferroviària *Southern Pacific Railroad*; el 1913, Bierce va desaparèixer a Mèxic, encès aleshores per la Revolució. Ningú no sap quan, on ni com va morir.

i. El Gran Desconegut: a San Francisco va despertar molta curiositat esbrinar qui deuria ser un home alt vestit de negre que tothom veia caminant cada dia; hom el denominava el Gran Desconegut. Quan va descobrir que era el tema de conversa de tota la ciutat, aquest home va intentar aprofitar la seva fama llogant un local i venent entrades a tot aquell que volgués conèixer-lo; només s'hi va presentar un periodista, gràcies al qual l'endemà tothom va conèixer la identitat de l'home, que es deia Wilhem Frohm.

j. El Petit Timbaler: aquest és un personatge que apareix en moltes caricatures d'Edward Jump, especialista a dibuixar alguns dels principals personatges dels carrers de San Francisco com ara l'emperador Norton, George Washington II, els gossos "Bummer" i "Lazarus", etc. El Petit Timbaler no era cap persona real sinó un personatge creat per Jump per fer d'acompanyant de Norton en les caricatures que en dibuixava.

k. Mary Pleasant: alguna cosa deuria tenir aquesta dona alta i que duia sempre un barret perquè la gent li atribuís coneixements de vudú i hom acabés dient-li *Mammy*. Thomas Bell, l'empresari per a qui treballava i el seu soci comercial, va matar-se després de relliscar per les escales de casa seva; aleshores, es va començar a dir que ella l'havia mort amb la seva bufanda; també corria un rumor terrible: ella li havia tret el cervell amb una pala i se l'havia menjat. Ara bé, realment, Mary Pleasant tenia un molt desenvolupat talent per a la manipulació; va aconsellar Sarah Althea Hill en el seu plet de divorci contra el senador William Sharon i va fer aquesta mateixa feina per a d'altres dones. Mary Pleasant també fou una ferma defensora dels drets dels afro-americans.

6.MARK TWAIN

6.1.RELACIÓ

El 1864, les oficines del *Morning Call* eren gairebé al costat de la pensió on Norton malvivia la seva misèria imperial; un dels seus redactors, Samuel Langhorne Clemens (1835-1910) esdevindria famós com a novel·lista arran de l'èxit de les seves obres: *Les aventures de Tom Sawyer, El príncep i el captaire, Un ianqui de Connecticut a la cort del rei Artús* i, sobretot, *Les aventures de Huckleberry Finn*. Clemens se'l coneix pel seu pseudònim: Mark Twain, que havia començat a usar abans d'establir-se a San Francisco, quan treballava com a redactor del *Territorial Enterprise* a Virginia City (Nevada). A causa d'aquest veïnatge, durant els anys que va viure a San Francisco treballant com a periodista (1864-1870), Mark Twain veia Norton gairebé cada dia i en quedà fascinat.

La primera vegada que Twain mencionà Norton en un article de diari fou al *Territorial Enterprise* on el qualificà de "simpàtic vell farsant"; així, es mantenia fidel al concepte que Albert Evans s'havia format sobre Norton. Ara bé, un cop a San Francisco, després d'haver vist personalment l'Emperador, Mark Twain va abandonar completament la idea que Norton fos un farsant o un impostor, en comprovar que de tota la seva comèdia imperial no en treia cap altre profit que malviure en la misèria. Així doncs, per a Twain, Norton no era pas ni un pallasso ni un gandul sinó una persona que patia un greu trastorn per culpa del qual li resultava impossible refer la seva vida i es veia en la trista situació d'haver esdevingut la riota de tot San Francisco. Fou per aquest sentiment de compassió que, malgrat la seva ironia i el seu sentit de l'humor, Twain mai no va intentar escriure notícies còmiques sobre Norton, riure-se'n comentant les seves anècdotes ni, menys encara, dedicar-se a escriure falses proclames imperials; aquesta era l'especialitat d'Albert Evans per qui, aviat, Twain sentiria una forta enemistat i un menyspreu sense límits[167]. Una vegada que va voler ironitzar sobre un ball de gala celebrat en un lloc tan distingit com el Lick House, Twain escrigué al *Golden Era*:

> "Els salons estaven ... coberts amb una rica moqueta blanca de malva domèstica, importada de Massachusetts o del regne de New Jersey, ara no ho recordo bé (...) A la teulada del barret d'aquella senyora hi havia col·lecció de rares i belles xinxes i rèptils (...) Hi assistiren el Duc de Benicia, amb la Comtessa de San Jose, Lord Etbeneeixi i Lord Geeminy. (...) Però a causa de la urgència dels afers imperials, l'Emperador Norton no va poder venir".

Aquesta fou l'única broma que Twain va permetre's fer a costa de Norton; òbviament, el propòsit d'aquest paràgraf no era pas per riure's de les excentricitats d'un boig indigent patètic que es creia que era

---

167 Idem

l'emperador dels Estats Units, sinó ridiculitzar alguns personatges de l'alta societat de San Francisco. Durant la Guerra Civil, la retirada dels exèrcits confederats de Lee cap a Virgínia després de la batalla de Gettysburg (1-3 de juliol de 1863) va decantar l'opinió pública californiana decididament cap a la causa nordista; per això, alguns comandaments militars van voler aprofitar-se'n per perseguir aquelles persones sospitoses de simpaties sudistes; molta gent hi veié una violació del dret a la llibertat d'expressió, un dels fonaments de la vida política americana. La situació creada per aquesta censura militar fou la causa de l'altra aparició de la figura de Norton en un article de Mark Twain, on protestava per la detenció del bisbe Hubbard H. Kavanaugh simplement perquè la seva església duia el nom d'Església Episcopal Metodista del Sud; segons l'autoritat militar mateixa va manifestar-ho a la premsa, amb això n'hi havia prou per justificar que el bisbe Kavanaugh fos arrestat mentre participava en una celebració al camp al comtat de Calaveras i empresonat a San Francisco. Twain va trobar tan ridícula l'excusa donada per l'arrest i empresonament del bisbe així com l'actitud de les autoritats militars que escrigué aquest article:

"Vam començar preguntant a l'oficina del general en cap de la caserna, però vam trobar-nos-hi un altre periodista que va dir: "Suposo que sé on aneu, però no serveix per a res, jo ara en vinc —etiqueta militar i tot allò, ja ho sabeu— aquella colla s'han tornat muts, i no diran res sobre el tema, Maleït sigui". Vam anar a buscar el General McDowell, però se n'havia anat a Oakland. Durant el transcurs de la tarda, vam visitar totes les casernes i places militars, i hi preguntàrem pel General Mason, el Coronel Drum, el General Van Bokkelen, Leland de l'Occidental, el Cap de Policia Burke, Keating, l'Emperador Norton i per qualsevol persona que es pogués suposar que estigués al corrent dels afers del govern ...[168]"

El general Irving McDowell era el comandant del Departament del Pacífic, el General Mason era l'ajudant del general en cap de la caserna de San Francisco, el Coronel Drum era el cap del comandament de Presidio i el General Van Bokkelen, el general en cap de Nevada, s'estava a l'Hotel Occidental; per tant, tots aquests eren persones que

---

168 Ídem

podien donar raó de l'empresonament del bisbe; mentre que el cap de Policia Martin Burke —que no tenia competència en qüestions militars—, Jim Keating, amo de la taverna Ivy Green, Lewis Leland, director i propietari de l'Hotel Occidental, i, òbviament, l'Emperador Norton apareixien mencionats al text simplement per assolir l'efecte còmic d'assenyalar-los com a últim recurs davant les evasives i el mutisme de les autoritats realment competents. Les protestes i la indignació per aquella detenció arbitrària van acabar duent el General McDowell a posar el bisbe en llibertat i demanar-li que tornés al comtat de Calaveras.

Mark Twain va convèncer el Coronel McComb, de l'*Alta California* de pagar-li el bitllet al vaixell *Quaker City*, que es dirigia a fer un viatge per Europa i una peregrinació a Terra Santa; els comentaris i notes sobre el viatge, els reuní en el seu primer llibre: *Els innocents a l'estranger* publicat el 1869; fou el seu primer gran èxit com a escriptor. Segons Twain mateix, ell va explicar als organitzadors del viatge que els seus personatges de referència eren el president Andrew Johnson, el general Ulysses S. Grant i l'emperador Norton, és a dir, dos borratxos i un tocat de l'ala. El 1869, Twain va escriure a Mary Mason Fairbanks del *Cleveland Herald*, a qui havia conegut durant el viatge del *Quaker City*, per dir-li que estava de camí cap a Ohio per fer una conferència sobre "Alguns personatges no gaire corrents que he tingut ocasió de conèixer"; de tots aquests personatges especials, l'únic que va mencionar a la carta era, precisament Norton; per l'explicació que va haver de fer-li'n, deduïm que, aleshores, la fama de l'Emperador no havia arribat encara més enllà de Califòrnia. Twain va començar el seu cicle de conferències per l'est dels EUA a Bethlehem (Pennsilvània), on la figura de Norton no va suscitar cap interès, perquè, aleshores, quan encara no s'havia construït el ferrocarril transcontinental, per a la gent de l'Est Califòrnia era una terra del tot desconeguda i llunyana.

El 1880, deu anys després d'haver marxat de San Francisco per establir-se a Connecticut amb la seva dona, amb qui s'havia casat el 1870, Mark Twain va llegir al diari —potser el *New York Times* ja que, en aquell moment Twain era a Elmira (Nova York)— la notícia de la mort de Norton; aleshores, en una carta dirigida al seu amic el novel·lista William Dean Howells, va escriure-hi:

"Quina cosa més estranya que ni Frank Soule, ni Charles Warren Stoddard ni jo ni Bret Harte, l'Immortal Estafador, ni cap altre escriptor professional de San Francisco hagi escrit mai sobre l'Emperador Norton[169]".

Franklin Soule, company de Mark Twain a la redacció del *Morning Call* el 1864, reconegut també com a poeta i historiador local per ser l'autor de *The Annals of San Francisco*, havia arribat a la ciutat en el moment de l'eufòria de la Febre de l'Or el 1849 i hi va residir fins a la seva mort, el 1882; per això, dels quatre mencionats per Twain, Soule semblava el més indicat per escriure la biografia de Norton ja que en coneixia tota la trajectòria vital a San Francisco, començant pels seus temps d'home de negocis; ara bé, vers 1880 Soule estava concentrat en la seva producció poètica, la qual, però, no li valgué cap reconeixement. El paràgraf de la carta de Mark Twain a William Dean Howells expressant la seva estranyesa perquè a ningú no se li hagués acudit escriure sobre Norton anava precedit per un altre on exposava les seves opinions sobre Norton i Soule amb aquestes paraules:

"Ai Senyor, sempre em resultava penós veure l'Emperador queixant-se perquè malgrat que ningú més cregués que ell era un emperador, ell s'ho creia. I Frank Soule es creu que és un poeta (i molts altres ho creuen també), és prou trist veure'l al carrer demanant la caritat d'una simple menció[170]".

Charley Stoddard (1843-1909), un altre testimoni directe de la vida de Norton, s'especialitzà en la narració d'històries i la descripció de paisatges dels Mars del Sud. Per la seva banda, el poeta i prosista Bret Harte (1839-1902), a qui Twain bescantava anomenant-lo "l'Immortal Estafador", nascut a Albany (Nova York), va anar-se'n a viure a San Francisco el 1854 però va marxar-ne el 1871 per establir-se a Nova York; per tant, igual com Twain, havia perdut el contacte amb Norton.

En la seva carta a Howells, Twain no s'està pas de destacar els seus propis mèrits com a possible biògraf de l'Emperador:

"He vist l'Emperador quan la seva dignitat es trobava malmesa i quan es sentia ferit i indignat pel rebuig a un taló imperial i quan es veia aclaparat per la presència d'una flota russa al port,

---

169   Ídem
170   Ídem

fet que ell atribuïa al seu rebuig a una aliança matrimonial amb els Romanov i a la intenció dels russos d'aprofitar-se dels seus compromisos amb Perú i Bolívia; l'he vist de diferents humors i ànims; n'hi havia més per sentir-ne llàstima que per riure-se'n[171]".

6.2.INFLUÈNCIA EN LA SEVA NARRATIVA

Poc després d'haver arribat a Elmira, Mark Twain començà a escriure *El príncep i el captaire*, novel·la on, uns quants dies abans de la mort d'Enric VIII d'Anglaterra, per circumstàncies accidentals, el Príncep de Gal·les i un noi pobre de la seva edat s'intercanvien les identitats, i el captaire se'n va viure a palau mentre que el príncep ha d'anar-se'n a la barraca del pobre; la cosa es complica quan el rei mor i el Príncep de Gal·les esdevé Eduard VI d'Anglaterra; segons sembla, Twain havia concebut aquest argument dos anys abans, tal com ho mostra una nota seva escrita en una llibreta el 23 de novembre de 1877. El tema principal d'*El príncep i el captaire* és la confusió entre el somni i la realitat, just el que li passava a Norton, un indigent que es creia ser l'emperador dels EUA. El 1882, a la mort de Frank Soule, a qui creia més qualificat que no pas ell mateix per escriure la història de l'Emperador, Twain va posar el nom de Norton en una llibreta, juntament també amb els noms de "Bummer" i "Lazarus".

Entre els articles que escrigué per a *The Atlantic Monthly* no n'hi ha pas cap que parli de Norton, ara bé, possiblement, el seu record inspirava alguns relats de ficció que pretenia escriure; el 16 de novembre de 1874, el dia que ell feia trenta-nou anys, Twain va escriure una carta a la seva dona, però datant-la a 16 de novembre de 1939, el dia que hauria fet cent quatre anys, i descrivint-li una fantasia futurista en què els EUA ja no són pas una república, sinó una monarquia dominada per irlandesos, que té com a emperador O'Mulligan I; Nova York ha passat a dir-se Dublín, i Boston, Limerick; en aquest nou sistema, les coses no semblen pas anar-li malament a Twain perquè ha estat distingit amb el títol de comte de Hartford, així com el seu amic William Dean Howells fou creat duc de Cambridge (Massachusetts); segurament, el propòsit d'aquesta carta, de la qual va enviar una còpia a Howells, era mostrar a la seva dona un esbós d'una història que pensava escriure per ironitzar sobre el domini de l'escena política de

---

171 Idem

Nova York per la facció irlandesa de William Marcy Tweed a Taminany Hall. Twain no va arribar pas a escriure el relat perquè la caiguda en desgràcia de Tweed, que va acabar anant a la presó i tot, li hauria tret el sentit.

En una narració de Twain publicada a *The Atlantic Monthly* amb el títol *La Gran Revolució a Pitcairn*, un americà anomenat Butterworth Stavely, abandonat entre els descendents dels amotinats de la Bounty, que s'havien refugiat en aquesta illa del Pacífic per evitar ser condemnats a mort a causa de la seva rebel·lió, acaba prenent el poder i proclamant-se emperador de Pitcairn, un dels seus privilegis imperials serà viatjar per tot arreu del seu diminut imperi enfilat en un carretó.

Segurament, el record de Norton va influir molt en la creació del personatge del Rei vagabund, que apareix a *Les aventures de Huckleberry Finn*, novel·la publicada el 1884 que, posteriorment, Ernest Hemingway va considerar l'origen de la literatura americana moderna. El Rei és un trinxeraire ignorant que es creu ser Lluís XVII, el fill de Lluís XVI i Maria Antonieta, desaparegut de la presó del Temple després de l'execució dels seus pares a la guillotina i miraculosament salvat durant la Revolució; aquest Rei, que sempre mira d'aprofitar-se dels ingenus per estafar-los amb alguna història de les seves, té com a còmplice un individu que es fa dir Duc de Bridgewater. El tema d'algú que afirma, i en alguns casos demostra, ser el desaparegut Lluís XVII és molt recorrent en novel·les angleses de l'època victoriana. Segons va manifestar-ho ell mateix al *Portland Oregonian*, Twain sempre creava els seus personatges a partir de persones que ell havia conegut; considerava impossible que un escriptor pogués imaginar un personatge sense disposar d'un model real. Naturalment, hi ha moltes diferències entre el Rei i l'Emperador Norton, qui, malgrat la seva misèria, va conservar sempre els modals i la parla propis d'una persona instruïda i mai no va estafar ningú; el caràcter vulgar del Rei es pot considerar una conseqüència lògica del fet que la història d'aquest suposat Lluís XVII[172] ens ve explicada per algú sense estudis ni formació com ho és el mateix Huckleberry Finn; ara bé, la imatge de Norton amb el seu *uniforme oficial* encaixa força amb la descripció que Twain ens fa del

---

172   En el text original anglès, aquest personatge no se l'anomena pas Louis the Seventeen sinó Looy the Seventeen; segurament, *Looy* deuria ser una forma vulgar, col·loquial o dialectal de *Louis*.

Rei a la seva novel·la[173]. Norton havia explicat que, en realitat, ell era un príncep de la Casa Reial de França a qui s'havia amagat per evitar que l'assassinessin els revolucionaris; segurament, Norton sabia que, el 1820, a França un republicà havia atemptat mortalment contra el duc de Berry, nebot de Lluís XVIII. Tanmateix, Norton no va pretendre mai ser Lluís XVII perquè deuria ser prou conscient com per veure que, si hagués sobreviscut, el fill de Lluís XVI, nascut el 1785, hauria hagut de tenir vint-i-sis o trenta-tres anys més que ell[174].

173   DRURY, William. *Norton I, Emperor of the United States*, New York, Dodd, Mead, 1986
         http://www.emperornorton.net/norton-drury.txt
174   Ídem

EL LLEGAT DE NORTON I

1.EL SEU RECORD A SAN FRANCISCO

Més de cent vint anys després de la seva mort, l'Emperador Norton continua sent una figura del paisatge de San Francisco, on cada any s'instal·la un gran arbre de Nadal a Union Square; aquesta tradició es fa remuntar a una ordre donada per Sa Majestat Imperial[175], tot i que en els reculls dels seus edictes, tant dels autèntics com dels falsos, no n'apareix mai cap manant col·locar cap arbre de Nadal al carrer.

L'associació E Clampus Vitus fou creada el 1930 com a refundació d'una associació d'aquest mateix nom existent al segle XIX; ara bé, mentre que aquesta primera associació tenia com a missió proporcionar ajuda a les vídues i als orfes dels treballadors de les mines de plata de Comstock, explotades entre 1859 i 1875, l'actual E Clampus Vitus és una associació d'homes, anomenats Clampers, dedicada a commemorar les anècdotes més extravagants de la història de Califòrnia; els lemes "Si és absurd, m'ho crec" i "Protegim vídues i orfes, especialment vídues" en resumeixen l'ideari. Així doncs, resulta completament lògic que, cada any, celebrin l'aniversari del naixement de Norton amb una gran festa i facin regularment una trobada al Cementiri de Colma, on hi ha la tomba de l'Emperador; l'acte acostuma a tenir un caire festiu i els membres de l'associació se'ls reconeix fàcilment per les seves extravagants disfresses; a part de Norton, l'associació E Clampus Vitus també reivindica el record d'altres velles glòries de San Francisco com ara Sam Brannan. D'acord amb el seu ideari i costums, un dia col·locaren una placa en honor seu a l'entrada de la Transbay Terminal a Mission Street. Als maçons de San Francisco els agrada recordar que Norton era un dels seus i que, a la seva mort, fou enterrat al cementiri maçó; el 1854, Joshua Norton fou expulsat de la lògia per no pagar les seves quotes de soci, ara bé, segons algunes fonts, la pensió on va viure durant el seu "regnat" li la pagaven els maçons. El 1961, un *drag queen*

---

175 NAPPA ,Mike; WAKEFIELD, Norm: *Emperor Norton* http://www.emperornorton.net/mirror/ http/www.christianity.com_80/CC/article/1,1183,PTID2546|CHID|CIID126125,00.html

anomenat José Saria va proclamar-se Vídua de l'Emperador Norton, Emperadriu de San Francisco i Protectora de Mèxic; va obtenir sis mil cinc-cents vots presentant-se com el primer candidat obertament gai a les eleccions municipals de San Francisco[176].

La imatge de Norton la podem trobar esculpida en alguns transbordadors de la badia de San Francisco, com també hi ha molts bars i restaurants que en duen el nom[177]; en algun espectacle públic potser que hi aparegui algú disfressat d'Emperador Norton; a vegades, el diari *The Chronicle* ha anunciat l'arribada de la primavera amb una grandiosa proclama imperial donant ordre de buscar algun gran tresor que l'Emperador va enterrar en la seva capital. Tant a l'hotel *Sheraton Palace* com al luxós *Hotel Mansion*, hi ha una habitació "Emperador Norton", amb les parets decorades amb fotografies de Sa Majestat; com també hi ha un retrat pintat de Norton al Restaurant *Bank Exchange* del gratacels Transamerica Pyramid[178].

L'empresa *Ghirardelli Chocolate Company*, fundada a San Francisco el 1852 pel xocolater italià Domingo Ghirardelli, una de les principals fàbriques xocolateres dels EUA, comprada el 1999 per la multinacional suïssa Lindt & Sprüngli, serveix en els seus establiments la copa de gelat "Emperador Norton"; la *San Francisco Bread Company*, amb seu a Oakland, també ha donat el nom de l'Emperador Norton a un dels seus productes[179].

2.EL PONT DE L'EMPERADOR NORTON

El 14 de desembre del 2004, l'Ajuntament de San Francisco va decidir donar al nou tram oest del pont que uneix la ciutat amb Oakland el nom de Pont de l'Emperador Norton; Phil Frank, caricaturista del *San Francisco Chronicle*, hi havia fet campanya a favor[180]. Aaron Peskin,

176   GAZIS-SAX, Joel "The Madness of Joshua Norton" dins de *Tales from Colma* http://www. notfrisco.com/colmatales/norton/norton2.html

177   MOYLAN, Peter: *Emperor Norton* http://www.sfhistoryencyclopedia.com/articles/n/ nortonJoshua.html

178   DRURY, William. *Norton I, Emperor of the United States*, New York, Dodd, Mead, 1986 http://www.emperornorton.net/norton-drury.txt

179   http://en.wikipedia.org/wiki/Joshua_A._Norton

180   HEREL, Suzanne: *Emperor Norton's name may yet span the bay / S.F. supervisors endorse plan to rechristen Bay Bridge after 19th century eccentric* http://sfgate.com/cgi-bin/article. cgi?file=%2Fc%2Fa%2F2004%2F12%2F15%2FMNGUMAC6LN1.DTL

regidor del districte 3 de San Francisco, va fonamentar aquesta decisió de l'Ajuntament amb la següent proclama:

"Sa Majestat Norton I, Emperador dels Estats Units i Protector de Mèxic (1818-1880), va residir a *Commercial Street*, situada al Districte 3. Per tant, jo, Aaron Peskin, actual regidor del Districte 3 i representant del meu antic elector Joshua Norton, demano permís per presentar una

RESOLUCIÓ EN SUPORT AL PONT DE L'EMPERADOR NORTON

Vist que, a causa d'una total pèrdua de la seva fortuna a principis dels anys 1850, Joshua Abraham Norton, un membre destacat de del col·lectiu d'homes de negocis de San Francisco durant la Febre de l'Or pertanyent al Comitè de Vigilància, va quedar mentalment desequilibrat i, en aquest estat, va canviar l'afany de riquesa per l'atenció a la gent i va esdevenir la Consciència de la Ciutat; i

Vist que, el 17 de setembre de 1859, Joshua Abraham Norton va proclamar-se Norton I, Emperador dels Estats Units per tal de calmar la por a una crisi política nacional; i

Vist que, Sa Majestat va reconèixer aviat en el seu regne que la Nació Americana es composava de totes les nacions i de gairebé totes les religions i que, malgrat les dificultats de resultar agradable a tots els grups, va governar benèvolament fins a la seva mort el 8 de gener de 1880; i

Vist que, durant el seu pacífic regnat de vint anys, l'Emperador Norton va defensar els interessos dels oprimits de totes les religions, condicions i colors, sabent que "grans mals creixen de petites llavors"; i

Vist que, Sa Majestat va treballar per la tolerància religiosa universal acudint a totes les esglésies i prohibint l'aplicació de les lleis estatals que discriminaven els alemanys i els jueus; i

Vist que, l'Emperador Norton va lluitar per la diversitat cultural a les escoles quan va decretar que ensenyar francès i alemany era del tot necessari perquè els nens poguessin conservar la llengua dels seus pares; i

Vist que, quan els treballadors del ferro que navegaven en vaixells de fusta van anar a la vaga per un salari digne, Sa Majestat va anticipar-se al llegendari Harry Bridges i va fer una crida als propietaris dels vaixells per fer justícia, aconseguint així que a San Francisco els sindicats guanyessin força; i

Vist que, el 1862, l'Emperador Norton va donar suport al president Benito Juárez proclamant-se Protector de Mèxic quan un insidiós ocupant del Tron de França va envair la nostra república germana; i

Vist que, Sa Majestat va lluitar incansablement pels drets civils quan va ordenar l'arrest de tots aquells que es negaven a permetre als afro-americans l'ús del transport públic, i va demanar-ne l'admissió a les escoles públiques i va nomenar el diari Afro-Americà *Pacific Appeal* la seva gaseta imperial; i

Vist que, l'Emperador Norton va anticipar-se cinc anys a l'estat quan va ordenar que les proves presentades per xinesos s'admetessin en tots els nostres tribunals de justícia, i a més va sentenciar que "els ulls de l'EMPERADOR estaran a sobre de qualsevol que maquini algun ultratge o greuge contra els xinesos"; i

Vist que, quan Sa Majestat va veure la gran injustícia que s'havia fet amb els Americans Nadius, va fer conèixer la seva intenció de fer castigar públicament, davant de tants caps indis com es puguin reunir en assemblea, tots aquells agents indis o d'altres partits relacionats amb fraus contra les tribus índies; i

Vist que, l'esperit tolerant de l'Emperador va inspirar algú sense pèls a la llengua com ara Jose Julio Saria de proclamar-se Emperadriu Jose I, Vídua Norton, qui, el 1961, va esdevenir el primer gai explícitament reconegut a presentar-se a unes eleccions als Estats Units, per aconseguir un lloc en aquest Honorable Ajuntament; i

Vist que, Sa Majestat va establir San Francisco com a la seva Ciutat Imperial i la va protegir amb una força superior al de les fortaleses més poderoses quan va decretar que qualsevol persona a qui es sentís dir l'abominable paraula Frisco seria declarada culpable d'una Greu Falta i que hauria de pagar al Tresor Imperial, com a multa, la quantitat de 25 dòlars d'or; i

Vist que, el 23 de març de 1872, l'Emperador Norton va ordenar en un decret publicat al diari "que un pont de suspensió fos construït des d'Oakland Point fins a Goat Island (Yerba Buena) i des d'allà cap a Telegraph Hill" pels ciutadans de San Francisco i d'Oakland; i

Vist que, quan els ajuntaments d'aquestes dues ciutats van negligir aquesta ordre, Sa Majestat, amb justícia i iradament va ordenar "l'arrest per part de l'exèrcit dels dos ajuntaments" i

Vist que, aquest Honorable Ajuntament, necessita evitar-se ser empresonat a Alcatraz en expiació per un retard de seixanta-quatre anys en la construcció d'aquesta indispensable artèria de comunicació ordenada per Sa Majestat, així com honorar la personificació per l'Emperador Norton de l'esperit d'aquesta gentil ciutat de San Francisco; ara per tant, sigui

RESOLT, que aquest ajuntament decreta que el tram de la badia del pont sigui anomenat "El Pont de l'Emperador Norton" i

RESOLT que aquest ajuntament demana urgentment a la ciutat d'Oakland, visitada i elogiada sovint per Sa Majestat, d'unir-se a aquesta proposta; i

RESOLT, que aquest ajuntament demana als diputats de la regió de la Badia, que actuen en el nostre nom a Sacramento, procurin que sigui aprovat pel Parlament de l'Estat[181]

El Comitè Pont de l'Emperador Norton justifica la seva proposta amb aquests arguments:

a. Sa Majestat va preveure la construcció d'aquest pont el 1869, quan només les cabres i la *Central Pacific Railroad* tenien interès en l'illa de Yerba Buena

b. Si el pont porta el nom de Sa Majestat Imperial, atraurà multituds de turistes que voldran visitar Golden City des de la Badia. L'únic competidor de San Francisco són les Illes Sandwich, governades per simples reis i reines

c. Sa Majestat és un model de responsabilitat fiscal; a San Francisco hom acceptava els Bons de l'Imperi en una època en què es desconfiava dels bitllets de banc i de les monedes de plata emeses pel govern dels EUA

d. Sa Majestat va preocupar-se pels desafortunats del seu regne, promulgant edictes esmenant els torts comesos contra els afro-americans, els xinesos, els americans nadius i tots aquells altres víctimes de la intolerància

---

181   http://www.ecv58.com/nortonproc.htm

119

Els noms i professions dels membres del Comitè Pont de l'Emperador Norton es poden veure en aquesta adreça electrònica: http://www.emperornortonbridge.org/endorse_content.html.

Aquesta decisió de l'Ajuntament de San Francisco ha creat polèmica; l'alcalde d'Oakland Ignacio De La Fuente hi està en contra; el seu argument és que l'Emperador Norton és un personatge de San Francisco, sense cap mena de rellevància a Oakland; segons Jane Brunner, regidora d'Oakland, si el pont ha de dur el nom d'algú, caldria que fos una persona d'importància a tota la regió de la Badia, no pas únicament a San Francisco; la idea de donar al pont el nom de Norton és vista per molts com un mer capric extravagant de l'Ajuntament de San Francisco, contra el qual, la resta de la Badia lluita per tornar al seny; en opinió d'un ciutadà de Santa Cruz, la idea de donar el nom de Norton al pont és totalment estúpida, però s'adiu tant amb el tarannà de San Francisco que no hi quedaria pas fora de lloc[182]. Si a San Francisco donen el nom de Norton al seu pont, llavors, a Los Angeles poden posar a alguna de les seves obres públiques el nom de Sa Majestat Cèsar Sant Agustí de Bonaparte qui, segons diu ell mateix, és l'actual emperador dels EUA[183]; alguns dels detractors recorden que, en realitat, Norton no era més que un pobre boig de la ciutat. Ara bé, a San Francisco i a tot arreu també són molts els qui consideren que hi ha coses força més importants de què preocupar-se que del nom del pont i de la memòria de l'emperador Norton.

Durant els dies que seguiren a la decisió de l'Ajuntament de San Francisco sobre el nom del pont, el diari *San Francisco Chronicle* va fer una enquesta als seus lectors que, sobre un total de 1.945 respostes, donà el següent resultat[184]:

182 RUBENSTEIN, Steve; ZAMORA, Jim Herron: *No offense to the emperor, but I don't know who he is' / Oakland takes dim view of bid to rename Bay Bridge* http://sfgate.com/cgi-bin/article.cgi?file=/c/a/2004/12/16/MNG80ACOTV1.DTL

183 "Emperor Norton Bridge" dins de *Museum of Hoaxes* http://www.museumofhoaxes.com/hoax/weblog/permalink/norton_bridge/

184 RUBENSTEIN, Steve; ZAMORA, Jim Herron: *No offense to the emperor, but I don't know who he is' / Oakland takes dim view of bid to rename Bay Bridge* http://sfgate.com/cgi-bin/article.cgi?file=/c/a/2004/12/16/MNG80ACOTV1.DTL

PREGUNTA	Ha de dur el nou pont el nom de l'Emperador Norton?	PERCENTATGE DE CADA RESPOSTA
RESPOSTES PROPOSA- DESPER L'ENQUESTA	Sí, per reial ordre	28%
	No, la gent es pensarà que estem guillats	27%
	Sí, i, a més, tornar a im- posar la multa de 25 dò- lars a qui digui Frisco	45%

Els partidaris de Norton consideren que les dues proclames de 1872 constitueixen la prova que, malgrat tot, l'Emperador tenia dots com a estadista i els serveixen com a argument per atribuir la construcció del pont de San Francisco als decrets de Sa Majestat Imperial.

La construcció del pont que uneix Oakland amb San Francisco va començar el 9 de juliol de 1933; l'obra fou inaugurada el 12 de novembre de 1936. Durant els anys vint, la difusió de l'ús de l'automòbil havia fet necessari bastir una via de comunicació entre aquestes dues ciutats; el 1926, el parlament de l'estat de Califòrnia va crear un comitè encarregat de fer el disseny d'un pont des de San Francisco fins al comtat d'Alameda; finalment, després de moltes negociacions, el 20 de febrer de 1931, l'estat de Califòrnia va rebre el vist-i-plau del Congrés dels EUA per construir el pont de la regió de la Badia, per unir San Francisco amb Oakland. D'aquesta obra, ja se n'havia parlat en temps de la Febre d'Or; ara bé, el projecte s'havia deixat de banda perquè, amb els mitjans tècnics de l'època, la badia de San Francisco resultava massa ampla i profunda com per poder construir-hi cap pont; per tant, Joshua Norton podia haver sentit parlar d'aquesta idea quan, en la seva època de ric home de negocis, es relacionava amb les forces vives de la ciutat. Els decrets imperials de Norton no tenien en compte les dificultats tècniques ni el cost pressupostari del projecte, elements que tota autoritat ha de considerar a l'hora d'ordenar la realització de qualsevol tipus d'obra pública. A més, en el primer dels seus decrets, del 23 de març, ordena la construcció del pont però en el segon, del 21 de setembre, mana fer un estudi sobre si és millor un pont o bé un túnel; això demostra un cert grau d'imprevisió i d'incoherència per part de Sa Majestat Imperial. La proclama del regidor Aaron Peskin mostra com la figura de l'Emperador Norton ha esdevingut la personificació de l'esperit excèntric, però també humanitari i tolerant de la ciutat de

San Francisco; per això, el 1933, Peter Macchiarini, un famós escultor de North Beach, va presentar el projecte d'una estàtua de l'Emperador Norton; ara bé, aquesta estàtua no va arribar a realitzar-se; com que avui dia a San Francisco no hi ha cap monument a l'emperador Norton, l'associació *Emperor Norton I Plaza Project* reivindica que se n'erigeixi un. A la tardor de 1990, la companyia West Bay Opera va representar una òpera basada en la vida de Norton escrita per Henry Molnicone[185].

3.NORTON COM A PERSONATGE LITERARI

Entre els escriptors americans actuals, Robert Silverberg, un novel·lista molt prolífic, guanyador de premis literaris, especialitzat en ciència ficció i gènere fantàstic, és l'autor d'*El Palau a Mitjanit*, un breu relat on descriu una Califòrnia post-apocalíptica, en la qual hi existeix un imperi de San Francisco, governat per un senil i decrèpit Norton VII. Per la seva banda, a *El diable xucla-sang*, Christopher Moore, conreador del gènere de la ficció absurdista, que sempre descriu personatges marginals en escenaris extravagants amb el fi de criticar elements de la realitat social i política, situa l'Emperador Norton al San Francisco actual. Dins de *Fremont Jones*, la sèrie de misteri ambientada a San Francisco escrita per Dianne Day, hi apareix la novel·la *El fantasma de l'Emperador Norton*, publicada el 1998, en què un amic de l'intrèpid investigador protagonista afirma que es comunica amb l'Emperador per tractar sobre un assumpte pendent; Norton, així com també "Bummer" i "Lazarus", surten breument a *Ishmael*, una novel·la de Barbara Hambly, ambientada al món de Star Trek. El 1993, la Convenció Mundial de Ciència Ficció va reunir-se a San Francisco; l'Emperador Norton hi va ser el convidat d'honor ja que algú afirmava estar-hi en contacte.

La novel·lista sueca Selma Lagerlöf (1858-1940), guanyadora del Nobel de literatura el 1909, va escriure *Kejsarn av Portugallien* (L'Emperador de Portugal) en què un home, desesperat perquè la seva filla ha marxat de casa, es torna boig fins al punt de proclamar-se emperador de Portugal; tanmateix, no hi ha cap prova que Lagerlöf conegués la història de Norton.

En el gènere del còmic, la història de Norton apareix al relat *Tres setembres i un gener*, publicat dins de la sèrie *Sandman*, obra de Neil

185   http://en.wikipedia.org/wiki/Joshua_A_Norton

Gaiman, inclosa a la sèrie *Faules i Reflexions*; a *Tres setembres i un gener*, a més de Norton també hi apareix com a personatge Mark Twain.

En una de les seves aventures, Lucky Luke, el cowboy solitari creat per Morris, capaç de disparar més ràpid que la seva ombra i que sempre va per l'Oest acompanyat del seu cavall Jolly Jumper, gràcies al qual aconsegueix sortir-se'n de situacions compromeses, i del gos Ran tan plan, tan babau com simpàtic, es troba amb un curiós personatge: l'Emperador Smith, el qual pretén esdevenir emperador dels Estats Units; Smith fa servir com a símbol una bandera americana en la qual, al lloc on hi hauria d'haver-hi les estrelles de cadascun dels estats de la Unió, hi ha una *S* gegant. Tal com ho explicaren els mateixos René Goscinny i Morris, autors de l'àlbum *L'Emperador Smith* així com també d'altres aventures de Lucky Luke, el personatge de Smith es basa en Norton[186].

4. NORTON A LA TELEVISIÓ

Entre 1959 i 1973, als EUA la cadena NBC va emetre la sèrie *Bonanza*, que, durant molts anys va gaudir d'un gran èxit entre el públic; l'acció d'aquesta sèrie es situa a mitjans del segle XIX, en el moment de l'arribada dels primers colons a l'Oest, i ens explica la vida de la família Cartwright, que vivia al ranxo *La Ponderosa*, situat a les vores de llac Tahoe, a Nevada; la població més propera era Virgínia City, on, a vegades, hi anaven els Cartwright.

En l'episodi 225, emès el 27 de febrer de 1966, l'Emperador Norton es troba amb problemes perquè, després d'haver fet costat a les reivindicacions dels treballadors de les mines, els seus enemics volen recloure'l en un asil; per evitar-ho, Harry Crawford, amic de l'Emperador, porta Norton a *La Ponderosa*, on l'acullen els Cartwright, els quals, juntament amb Mark Twain —en la seva segona aparició en la sèrie—, testificaran al tribunal en contra de l'ordre d'internament de Norton, qui, finalment, aconsegueix conservar la seva llibertat[187]; en aquest episodi, es fan referències als projectes de Norton de construir un pont a San Francisco.

186   http://en.wikipedia.org/wiki/Joshua_A._Norton
187   http://entertainment.msn.com/movies/movie.aspx?m=88225

5.NORTON I LES NOVES TECNOLOGIES

"VIST QUE, nós hem ressuscitat amb el propòsit d'observar i comentar la gran commoció, anomenada per alguns "guerra d'insults", que ara s'esdevé a rec.skiing.alpine;

VIST QUE, aquest intercanvi d'invectives i de mala educació pertorba la pau d'esperit de tots aquells que acudeixen a l'esmentada organització per trobar-hi relaxació i conversa gentil sobre l'esport de l'esquí;

I VIST QUE, les greus acusacions, vendettas i accions legals que hi tenen lloc engendrada per aquesta disputa no serveix per resoldre-la i sí que pot estendre-la molt més enllà de l'abast de l'honrada ciutat de Seattle;

ARA PER TANT, Nós, Norton I, Emperador dels Estats Units i Protector de Mèxic i d'USENet, decretem que tots els participants en aquesta confrontació (incloent-hi el jutge) són rebels i sediciosos contra el bon ordre de l'Emperador i ordenem que se'ls negui l'accés a Internet i el servei elèctric fins que hagin posat fi a la seva insurrecció".

Aquest decret de 1999 el podem considerar autèntic si creiem que, des del Més Enllà, l'esperit de Norton va rebre la comunicació d'una mèdium[188]. Així doncs, igual com Mèxic, els fòrums d'USENET gaudeixen de la protecció de Sa Majestat Imperial Norton I, emperador dels EUA. El protectorat sobre USENET no ha estat pas l'única aportació de Norton al món de les noves tecnologies; també existeixen els programes coneguts com a *Emperor Norton Utilities*, entre els quals podem trobar:

5. belief.c.gz Programa per generar creences religioses
6. dcalendar.ps.gz PostScript programa que imprimeix el calendari discordià
7. biffa.shar.gz un filtre de llenguatge cockney
8. drawl.x.gz un traductor d'anglès-texà
9. kibo.c.gz substitueix paraules seleccionades a l'atzar per la paraula "Kibo"
10. kraut.shar.gz un filtre de text pseudo-alemany

---

188 *He Douses A Flame War* http://www.notfrisco.com/nortoniana/

11. newspeak.x.gz tradueix de l'anglès a la Novoparla
12. ogrify.c.gz no és pas segur, però sembla ser un filtre de text[189]

Visitant l'adreça http://www.notfrisco.com/prizes/index.html, podem llegir les bases dels Premis Emperador Norton, establerts per ordre de Sa Majestat Imperial Norton I, Emperador dels Estats Units i Protector de Mèxic, amb el propòsit de reconèixer aquelles webs que més contribueixin a la difusió de les arts i les ciències a Internet. Segons els organitzadors d'aquests premis, allò que plau a l'Emperador és:

a. Un contingut interessant més que no pas gràfics sense fonament, Java, una multitud d'enllaços i d'altres coses d'aquestes. Ell gaudeix de pàgines que mostren un esforç intel·lectual per part del creador per tal d'informar i servir els seus súbdits. Li interessa especialment la història.
b. Informació fidedigna; la recerca ha d'haver estat ben feta i el text ha de resultar útil després del dia d'haver estat penjat
c. Webs agradables a la vista i que resulti fàcil navegar-hi
d. Webs que difonguin la Veritat. Les webs han d'evitar l'especulació oculta, els tòpics, els fraus i els raonaments simplistes
e. Bon Gust. Tot i ser un ferm defensor de la llibertat d'expressió on line, l'Emperador no garanteix pas la seva llicència a llocs pornogràfics o repugnants
f. L'anglès. L'Emperador decreta que aquesta és la llengua oficial a notfrisco.com i espera que totes les webs que aspirin a aconseguir la seva llicència tinguin el seu contingut en anglès
g. Les webs comercials avorreixen soporíferament l'Emperador. Ell s'estima més honorar aquestes webs amb els seus negocis que no pas amb els seus premis
h. L'abominable paraula "Frisco" no ha d'aparèixer pas a la web, excepte en prohibicions del seu ús

6.ELS DISCORDIANS

El 1959, o potser el 1958, ni ells mateixos semblen saber-ho, Greg Hill, conegut també com Malaclypse el Jove, Mal-2 o, ocasionalment l'Omni-

---

189   http://yoyo.cc.monash.edu.au/~acb/norton/

benevolent Polipare de la Virginitat en Or, i Kerry Thornley, àlies Lord Omar Khayyam Ravenhurst, van fundar la religió del discordianisme, considerada per alguns com una broma molt elaborada disfressada de religió o una religió disfressada de broma molt elaborada. Amb un llenguatge de tipus post-modern, els discordians rebutgen totes les normes del pensament lògic i racional per arribar a interpretacions absurdistes. El seu text fundacional es titula *Principia Discordia*, malgrat que aquest llibre conté moltes referències a una altra font anterior *El llibre honest sobre la Veritat*, recollit per un escombriaire. Mentre que les altres religions veneren els principis d'ordre i d'harmonia en l'Univers, els discordians consideren la desharmonia i el caos com a parts igualment vàlides i representatives de la realitat; *Principia Discordia* insisteix sovint que el discordianisme s'ha fundat com a antítesi dialèctica de les religions més populars basades en l'ordre. La divinitat suprema dels discordians és Eris, la deessa grega de la discòrdia[190]. Els discordians consideren l'Emperador Norton com un sant de segona classe, la distinció més alta que poden reconèixer a qualsevol persona que hagi existit realment. Aquest extracte dels *Principia Discordia* explica el concepte que els discordians tenen de Norton:

"Els nostres manlleus del Cristianisme (bé, en realitat, el Cristianisme és una secta del Discordianisme, per tant m'imagino que ens hem manllevat a nosaltres mateixos [i afortunadament, no ens estem cobrant un interès gaire elevat], però no ha estat pas demostrat fins ara fa poc) són tan obvis que mencionar-los és gairebé insultant per a qualsevol quantitat mínima d'intel·ligència que puguis tenir. Tanmateix, d'aquesta tradició hem obtingut la nostra astuta desconfiança en el principi de realitat així com en la molt singular noció de Fill Unigènit.

Vam demanar a la Deessa si Ella, igual com Déu, tenia un Fill Unigènit. Ella ens va assegurar que sí i ens en va donar el nom: Emperador Norton I, de qui vam suposar que probablement seria algun governant bizantí de Constantinoble. Una investigació diligent va mostrar-nos el Norton històric, tal com l'anomenem, a la ciutat santa de San Francisco, on Ell va passejar el Seu fidel gos pel carrer del Mercat escassament fa més d'un segle.

---

190   http://en.wikipedia.org/wiki/Discordianism

Gregory Hill (més conegut pel seu Nom Sagrat Discordià, Malaclypse el Jove) ha estat des d'aleshores la principal autoritat mundial sobre Joshua A. Norton qui, el 17 de setembre de 1859, es va coronar Emperador dels Estats Units i Protector de Mèxic. Just abans, Ell va desaparèixer durant uns quants dies, potser al desert on tal vegada va ser temptat pel Dimoni, probablement per organitzar la Seva vida i deixar els seus afers en ordre. Certament, semblava que ho necessitaven. En el dia anterior a la seva desaparició, Norton, fins aleshores no més que un home de negocis amb èxit, va acaparar el mercat de l'arròs, només per ser trobar-se frustrat per l'arribada imprevista en vaixell de tota una càrrega d'arròs d'Orient. Un home de categoria inferior s'hauria vist anihilat, però per a Ell, aquest fou el primer pas cap al tron. Quan el Congrés dels EUA va desobeir l'Ordre de Sa Reial Majestat de reunir-se a l'Òpera de San Francisco, Norton va expulsar fins el darrer membre d'aquesta organització rebel. D'aquesta manera, el poble de San Francisco va guardar-se d'incórrer en la Seva Imperial ira. Els seus Reials Decrets s'imprimien gratuïtament als diaris, la moneda que va emetre s'acceptava als salons i els botiguers locals pagaven petits impostos; en repetides ocasions, Ell va demanar i almenys en una ocasió un sastre li va proporcionar tot un equip d'ornaments reials.

Malgrat ser un boig, Norton va escriure cartes a Abraham Lincoln i a la reina Victòria, que ells es van prendre seriosament.

Una nit, un escamot de "vigilantes" van reunir-se per dur a terme un pogrom contra el barri dels xinesos de San Francisco. Tot el que va oposar-se en el seu camí fou la solitària figura de Norton. Un home normal no s'hauria estat allà en primer lloc; un home racional hauria intentat raonar amb ells; un moralista els hauria escridassat; un home tan torrat com Norton sembla que els hauria hagut d'ordenar en nom de la seva autoritat reial i imperial de dissoldre's. Totes aquestes accions segurament haurien resultat inútils, i Norton no en va recórrer a cap.

Ell simplement va baixar el cap en una pregària silenciosa

Els "vigilantes" van dispersar-se

Els discordians creuen que tothom hauria de viure com Norton; per tant, escriu als teus diputats demanant-los que legislin l'obligació requerint a les persones de totes les religions, especialment als cristians i principalment en diumenge, de viure com Norton visqué.

Ara fa uns cinc anys, vaig tenir un somni en que algú cridava: HI HA SENYALS AL CEL. Quan vaig mirar cap amunt, vaig veure globus que duien a sobre grans lletres de neó on s'hi llegia NORTON VA MORIR, NO BUSQUIS MORTS.

Però quan l'Emperador Norton va morir, desenes de milers de persones a San Francisco van congregar-se al seu funeral completament maçònic. Les peregrinacions a la seva tomba al Cementiri de Woodlawn a Colma encara són freqüents.

Potser ocasionalment, l'ànima de l'Emperador descendeixi una vegada més al món per habitar momentàniament el cos d'algun altrament poc distingit infidel. Un dia, estava assegut en una hamburgueseria a Atlanta; un penjat cremat de droga de la taula del costat va mirar-me i amb un somriure amable va dir "Sóc el rei de l'Univers, no sé què hi estic fent en un lloc com aquest".

I potser aquest és el principal atractiu de la nostra fe. Si vols, pots ser el Rei de l'Univers. Jo sóc Bull Goose de Limbo i President del Comitè per a un tracte just amb Suïssa. Camden Benares és el Pretendent al Tron de Lesbos. Greg Hill és el Polipare de la Virginitat en l'Or. Sabal Etonia és l'Alt Conestable de Constantinoble. Et pots proclamar Arquebisbe d'Abissínia o Procurador de la Lluna, no ens importa però el teu carter quedarà impressionat[191]".

Noti's com en aquesta descripció de la vida de Norton, els discordians incorren en algunes inexactituds com ara dir que l'Emperador passejava el seu gos pel carrer, una al·lusió al mite de "Bummer" i "Lazarus", o que l'Emperador podia dinar de franc als restaurants, com també explicar que l'inici del seu regnat va seguir immediatament a la seva ruïna com a home de negocis o que el 1859, Norton va proclamar-se emperador dels Estats Units i Protector de Mèxic, quan, com hem vist, el títol de Protector de Mèxic no va començar a utilitzar-lo fins 1862.

D'altres fonts resumeixen la devoció dels discordians per Norton, a qui presenten com un exemple a seguir per tothom, d'aquesta manera:

---

191   http://jubal.westnet.com/hyperdiscordia/emperor_norton.html

"Malgrat ser un indigent, menjava gratis als millors restaurants de San Francisco
Malgrat ser un boig, va aconseguir que totes les seves proclames es publiquessin als diaris de San Francisco
Mentre que els reformadors racionals han fracassat a tot arreu en l'intent de trencar el monopoli del banc amb una moneda alternativa, Norton I va aconseguir que la seva moneda s'acceptés a tot San Francisco
Quan els "Vigilantes" van decidir dur a terme un pogrom contra els xinesos i els homes normals haurien intentat aturar-los, Norton I no va fer res més que estar-se al mig del carrer amb el cap abaixat pregant. Els "Vigilantes" van dispersar-se. "Quan l'home apropiat no fa res (wu-wei), el seu pensament se sent en deu mil milles" Lao Tse.
Malgrat ser un ximple, Norton va escriure cartes que Abraham Lincoln i la reina Victòria es van prendre seriosament.
"Has d'agafar el toro per la cua i mirar els fets a la cara" – W.C. Fields
Malgrat ser un xerraire de fira, Norton I fou tan estimat que trenta mil persones acudiren al seu funeral el 1880
"Tothom entén Mickey Mouse, uns quants entenen Hermann Hesse, gairebé ningú no entén Einstein. I ningú no entén l'Emperador Norton" Malaclypse el Jove, KSC[192]

7.LA POLÈMICA DE LA LEGITIMITAT

Fou Norton realment emperador dels Estats Units? Avui dia, encara hi ha gent que debat sobre aquesta qüestió[193].

Els defensors de la legitimitat de Norton afirmen que si algú es dóna un determinat títol i els altres li'l reconeixen, això és que aquella persona té realment aquest títol. Com és sabut, entre 1859 i 1880, si més no a San Francisco, tothom es referia a Norton com a emperador i el tractaven de Majestat Imperial; a més, Norton gaudia d'una sèrie de petits privilegis, com ara viatjar de franc en els transports públics, que només tenien sentit reconeixent Norton com a emperador; per altra banda, segons el cens d'habitants dels EUA de 1870, a San Francisco hi

192   http://www.knauer.org/mike/discordia/norton.php.
193   http://en.wikipedia.org/wiki/Joshua_A._Norton

vivia algú anomenat Joshua Norton, de professió emperador. Ara bé, sostenen els contraris, la Constitució dels Estats Units és republicana i posa el govern de la Nació en mans d'un president elegit cada quatre anys pels ciutadans, el qual, a més, es troba controlat pel Congrés. Si, de debò, Norton va ser emperador dels EUA, llavors, entre 1859 i 1880, aquesta constitució no va estar pas vigent; en els seus primers edictes imperials, Norton aboleix el Congrés i suprimeix la República. Per tant, si Norton va ser emperador, durant el seu regnat el President i el Congrés no van ser pas les autoritats legítimes dels EUA, i, a la inversa, si la Constitució no va deixar mai d'estar vigent, cosa que als EUA tothom accepta com a òbvia, llavors ni Norton ni ningú podia exercir cap mena de poder imperial o monàrquic. Deixant de banda aquesta discussió teòrica, els contraris a Norton afirmen un fet innegable: a San Francisco tothom el tractava d'emperador, però ell no disposava de cap poder coercitiu que li permetés castigar tots aquells que el desobeïssin o l'ignoressin, per tant, adreçar-se a Norton com a Majestat Imperial o acceptar la moneda que ell emetia era un costum social però mai una obligació legalment establerta. La capacitat de recórrer a la força per fer-se obeir és un atribut indispensable de l'autoritat; per això, de cap manera es pot afirmar que la situació de Norton als EUA resultés equiparable a la de Francesc Josep I a Àustria o a la de Napoleó III a França; entre 1859 i 1880, igual com durant tota la història del país, als EUA el poder coercitiu qui realment el tenia eren les autoritats republicanes previstes a la Constitució.

BIBLIOGRAFIA

1.LLIBRES

The Adventures of Bummer & Lazarus in old San Francisco, a true story, San Francisco, Londonborn Publications, 1985.

ASBURY, Herbert, *The Barbary Coast: An informal History of the San Francisco Underworld*, New York, Alfred A. Knopf, 1933.

CAUFIELD, Catherine *The Emperor of the United States and Other Magnificent British Eccentrics* (1981) Routledge & Kegan Paul Ltd

CECH, John *A Rush of Dreamers - Being the remarkable story of Norton I, Emperor of the United States and Protector of Mexico* (1997) Marlowe & Company

CHERNY, Robert W., "Patterns of Toleration and Discrimination in San Francisco: The Civil War to World War I", *California History*, Summer 1994.

COWAN, Robert Ernest. *Norton I, Emperor of the United States and Protector of Mexico*, San Francisco, California Historical Society, 1923.

DRESSLER, Albert. *Emperor Norton of United States*. Sacramento: Dressler, 1927

DRURY, William. *Norton I, Emperor of the United States*, New York, Dodd, Mead, 1986.

KRAMER, William M. *Emperor Norton of San Francisco: a look at the life and death and strange burials of the most famous eccentric of gold rush California*, Santa Monica, Calif., N. B. Stern, 1974.

LANE, Allen Stanley. *Emperor Norton, the mad monarch of America*, Caldwell, Id., Caxton Printers, Ltd.1939.

NEVILLE, Amelia Ransome, *The Fantastic City: Memoirs of the Social and Romantic Life of Old San Francisco*, Boston and New York: Houghton Mifflin Company, 1932.

ROBINSON, W.W., *Land in California: The story of mission lands, ranchos, squatters, mining claims, railroad grants, land scrip, homesteads*, Berkeley: University of California Press, 1948.

RYDER, David Warren. *San Francisco's Emperor Norton : the story of Norton I, Emperor of America and protector of Mexico*, San Francisco, Alex.Dulfer Printing and Lithographing Co., 1939.

SHERMAN, William Tecumseh, *The Memoirs of General W.T. Sherman*, New York, Library of America, 1990.

SVANEVIK, Michael and Shirley Burgett, *City of Souls: San Francisco's Necropolis at Colma*, San Francisco: Custom and Limited Editions, 1995.

2.ARTICLES DE REVISTA

"Monument for Emperor Norton", *Newsweek*, 4:9, Juliol 7, 1934

"Strange Stories Amazing Facts" (1976) *Readers Digest Publications*

CARR, P.E. "Emperor Norton I", *American History Illustrated*, 10:14-20, Juliol 1975

COWAN, Robert E. "The Forgotten Characters of Old San Francisco" (1938) *The Ward Ritchie Press*

DICKSON, Samuel "San Francisco is Your Home" (1947) *Stanford University Press*

DILLON, Richard *Humbugs and Heros*

GENTRY, Curt *The Last Days of the Late Great State of California* (1968)

KIRCHHOFF, Theodor. *Californische Kulturbilder*. Germany: 1886. Traduït a l'anglès per Rudolph Jordan, Jr., sota el títol "*Norton the First*" in *The Society of California Pioneers* Quarterly, Desembre 1928.

MILLER, D. "Reminiscences of Emperor Norton" *Overland Monthly*, 72:586-7, Desembre 1918

PARKER, J. "Emperor Norton I", *American Heritage*, 28:84-85, Desembre 1976

RYDER, D.W "Strange Story of Emperor Norton". *Saturday Evening Post*, 218:35+, Agost 11, 1945

RYDER, D.W Norton I, "Emperor of America", *Readers Digest* 28:23-27, Febrer 1936

RYDER, D.W Norton I, "Emperor of America", *Plain Talk Magazine*, Gener 1928

WALLACE, Irving *Square Pegs* Newsweek, 50:90-91, 22 de juliol de 1957

3.ARTICLES DE DIARI

The New York Times, "Coins" - informacions sobre els bitllets de Norton 9 de desembre de 1990

San Francisco what?, -> Trasllat de la seva tomba 30 de juny de 1934

San Francisco Bulletin,, "Norton I, Emperor of California", pàgina 22; 20 de desembre, 1913

The New York Times, la necrològica de Norton 10 de gener de 1880

San Francisco Chronicle,, "LE ROI EST MORT"-> 8 de gener de 1880

San Francisco Pacific Appeal, Proclama imperial sobre el pont de la Badia 23 de març de 1872

Oakland Daily News, Falsa proclama sobre el Pont de la Badia 18 d'agost de 1869

San Francisco Bulletin, 17 de setembre de 1859, edició de la tarda Primera proclama imperial

4.MENCIONS EN OBRES DE FICCIÓ

ASBURY, Herbert *The Barbary Coast*

BROOKS, F.E. *Emperor Norton I; poem* Overland Monthly, 66:114, Agost 1915

CHRISMORE, G "No more through the crowded street he goes"; poem Overland Monthly, 19:453, Maig 1892

DAY, Dianne *Emperor Norton's Ghost* (1998) Doubleday Book

HAMBLY, Barbara *Ishmael* (1985) - Star Trek Novel – Spock coneix l'Emperador Norton

STEVENSON, Robert Lewis *The Wrecker*

TWAIN, Mark *Huckleberry Finn*

WENTWORTH, Mary *The Fairy Tales from the Gold Lands* (1868) Anton Roman & Co. - fictional story "Emperor Norton"

5.PÀGINES WEB SOBRE NORTON I

Abraham Joshua Norton http://home.swipnet.se/~w-40977/coolpeople/norton.html
Biografia resumida de Norton i de la relació que la ciutat de San Francisco va establir amb l'Emperador.

Bonanza: The Emperor Norton http://entertainment.msn.com/movies/ movie.aspx?m=88225

Descripció de l'argument del capítol de *Bonanza* on hi apareix el personatge de l'Emperador Norton, acompanyat de Mark Twain. Aquesta informació també pot trobar-se a http://www. tvtome.com/tvtome/servlet/GuidePageServlet/showid-228/ epid-98621/

City of Kooks? Notable San Francisco Eccentrics http://www.notfrisco.com/colmatales/sfecc.html

Relació dels personatges excèntrics de San Francisco, tant dels del segle xix com d'alguns de posteriors.

Death Valley Days - Emperor Norton http://www.tvtome.com/tvtome/servlet/GuidePageServlet/ showid-4346/epid-195479/

Breu resum de l'explicació de la figura de Norton duta a terme en un programa de televisió.

Emperor Joshua Norton I http://jubal.westnet.com/hyperdiscordia/ emperor_norton.html

Un text de la secta dels discordians on hi expliquen la seva veneració per la figura de Norton.

Emperor Norton's Archives http://www.notfrisco.com/nortoniana

Recull dels edictes imperials de Norton i d'altres documents sobre la seva vida.

Emperor Norton's bridge http://www.emperornortonbridge.org/

Pàgina d'un grup de partidaris de donar al nou tram del pont de San Francisco a Oakland el nom de Pont de l'Emperador Norton. Aquest col·lectiu reivindica Norton comparant-lo amb d'altres emperadors que regnaren mitjançant la força i el terror, mentre que Norton va regnar mitjançant la benevolència i la comprensió envers els altres.

Intro to Emperor Norton http://annehedonia.populli.net/doggett/EmpNorton.html

Resum cronològic de la vida de Norton

On the Trail of Emperor Norton http://www.emperornorton.net/mirror/http/members.aol.com_80/VirtualOle/norton.html Còpia catxé de http://members.aol.com:80/VirtualOle/norton.html

Aquesta és la pàgina personal d'algú de San Francisco que se sent fascinat per la figura de l'Emperador Norton, l'existència del qual va descobrir per mitjà dels discordians. Explica breument la vida de Norton i ofereix links a webs que en parlen.

The Imperial Governement of Emperor Norton-1, in Faith and Honor on the Internet Chivalrous Acts of which there were a plenty http://www.emperornorton.org/1024/ChivalrousActs.htm
Aquesta web enalteix els actes cavallerosos de l'Emperador Norton I: ordenar a la gent que fos amable amb la tripulació d'un vaixell japonès ancorat al port de San Francisco; evitar l'assalt al barri dels immigrants xinesos i la protecció que va oferir a les tribus índies del cap Brau Assegut

The Last Resting Place of Emperor Norton http://jubal.westnet.com/hyperdiscordia/norton_map.html
Pàgina web de la secta dels discordians que presenta un mapa de la situació de la tomba de Norton al cementiri de Woodlawn (Colma)

The Three Bummers http://www.notfrisco.com/colmatales/norton/nortpic3.html
Aquesta pàgina es dedica a desmentir l'error de relacionar Norton amb els gossos Bummer i Lazarus

ASBURY, Herbert *Through Space and Time with the Emperor Norton* http://www.emperornorton.net/mirror/http/www.halcyon.com_80/anitar/norton.html
El text d'aquesta pàgina, adaptada de l'obra de Herbert Asbury *The Barbary Coast*, ofereix una breu biografia de Norton posant èmfasi en les seves idees innovadores tant en el camp de la tècnica com en el de les arts; segons aquesta pàgina, el regnat de Norton va fomentar el civisme a San Francisco. Aquesta web ha estat creada per la Seattle Cacophony Society, la qual espera que arribi el dia que tots nosaltres puguem ser emperadors dels nostres països, creant i establint fronteres i constitucions, ara sent reis i ara sent súbdits, de tal manera que no siguem mai ni reis ni súbdits.

BARKER, Malcolm E: *Bummer and Lazarus: the truth* http://www.sanfranciscomemoirs.com/b_and_l_truth.html
Explicació de la història dels dos gossos "Bummer" i "Lazarus", insistint a desmentir l'error, força difós, que aquests fossin els gossos de Norton.

Barker, Malcolm E: *Bummer meets Lazarus* http://www.sanfrancisco-memoirs.com/b_and_l_sample.html
Relat de sobre com es va formar la llegendària amistat entre "Bummer" i "Lazarus". Aquesta explicació, basada en testimonis de l'època, desmenteix el mite de la relació entre aquests dos gossos i Norton.

CARR, Patricia E. *EMPEROR NORTON I The benevolent dictator beloved and honored by San Franciscans to this day* http://www.molossia.org/norton.html
En la seva explicació de vida de Norton, l'autora destaca principalment l'afecte que, fins i tot avui dia, la ciutat de San Francisco sent per l'Emperador

COWAN, Robert Ernest *Norton I Emperor of the United States and Protector of Mexico* http://www.emperornorton.net/NortonI-Cowan.html 2000
Text de l'article que Robert Cowan va publicar el 1923 a la revista de la *California Historical Society* de San Francisco. L'autor, que presenta Norton com un dels més destacats entre tota la galeria d'excèntrics del San Francisco del segle XIX, en descriu la vida i regnat; al final es planteja el dubte de si Norton estava realment boig o bé si tot era una comèdia.

GAZIS-SAX, Joel *The Madness of Joshua Norton* http://www.notfrisco.com/colmatales/norton/index.html
Aquesta web tracta en profunditat el tema de la vida de Norton; comença parlant del record existent avui dia de l'Emperador, especialment entre el grup dels Clampers, després analitza la relació que, en vida, va tenir Norton amb la ciutat de San Francisco i acaba amb una biografia força complerta de Norton. L'autor fa una anàlisi crítica d'un intent de diagnòstic de la bogeria de Norton per part de l'escriptor William Drury. Aquesta pàgina presenta també una extensa bibliografia i uns quants links sobre l'Emperador

Emperor Norton Records *emperor norton* http://www.emperornorton.com/mod/abouten.shtml 2000
Emperor Norton Records és una entitat dedicada a promoure la memòria de Norton; ací ens n'ofereix una petita descripció biogràfica

KNAUER, Mike *Norton I, Emperor of the United States of America* http://www.knauer.org/mike/discordia/norton.php 2004

Exposició succinta i esquemàtica dels principis en què es basa la veneració de Norton per la secta dels discordians. Aquesta pàgina també presenta una bibliografia i enllaços amb d'altres pàgines sobre Norton.

LEATHER, Tony *America's Last Emperor* http://www.kudzumonthly. com/kudzu/mar02/Emperor.html 2001

Ací, l'autor reivindica la figura de Norton per la seva actuació durant la Guerra Civil Americana (1861-1865) en la qual s'oferí a Lincoln com a mediador, per la seva correspondència postal amb la reina Victòria i Bismarck, així com per la seva idea de construir el pont de San Francisco

MOYLAN, Peter *Emperor Norton* http://www.sfhistoryencyclopedia. com/articles/n/nortonJoshua.html

En aquest relat sobre la vida de Norton; l'autor presenta el decret ordenant la construcció del Pont de San Francisco com una prova que, dins de la seva bogeria, Norton tenia tocs de genialitat. Aquesta web és un dels articles de l'*Encyclopedia of San Francisco*

NAPPA, Mike; WAKEFIELD, Norm *Emperor Norton* http://www.emperornorton.net/mirror/http/www.christianity.com_80/CC/ article/1,1183,PTID2546|CHID|CIID126125,00.html Es tracta d'una còpia caixé de http://www.christianity.com:80/CC/article/1,1183,PTID2546|CHID|CIID126125,00.html

Aquesta web es troba allotjada per *The Christian Broadcasting Network*; els seus autors posen Norton com l'exemple d'algú que sap guanyar-se l'afecte dels altres mitjançant una actitud positiva cap al proïsme que transmet una sensació cristiana d'alegria de viure. L'actitud positiva de Norton envers la gent de San Francisco és ací proposada als pares com a model a seguir en la relació amb els seus fills.

Schaffer, Clifford A: *A little levity about arrogance* http://www.druglibrary.org/schaffer/GENERAL/norton1.htm

Ací, l'autor parla d'aquelles persones que es creuen predestinades a dur a terme una gran missió social perquè es consideren en possessió de les respostes a grans problemes del món. Schaffer ens avisa que la majoria d'aquesta gent acaben sent considerats uns sonats, només uns pocs aconsegueixen realment ser reconeguts com a genis. L'Emperador Norton li serveix com a exemple d'aquesta tesi, per això en descriu breument la biografia. El relat de Schaffer es troba, però, farcit d'errors; "durant la dècada de 1840, just abans de la Febre d'Or, ell [Norton] va intentar acaparar el mercat d'arròs i, en fracassar, va arruïnar-se". Bé, Norton va arribar com a immigrant a San Francisco el desembre de 1849, i l'operació especulativa de l'arròs que va portar-lo a la ruïna la dugué a terme el 1852. També afirma que el regnat de Norton va durar quaranta anys; com és sabut, Norton es proclamà emperador el 1859 i va morir el 1880. Igual com d'altres cronistes poc rigorosos o mal documentats, Schaffer perpetua l'error de creure que *Bummer* i *Lazarus* eren els gossos de Norton.

SLEZAK, Richard A. *Characters of San Francisco's Past* http://members.aol.com/minotaur64/bizpast.htm 2001
Breu descripció dels personatges extravagants i curiosos del San Francisco del segle XIX: James Lick, Tom McAlear el Brut, l'Emperador Norton, William Tecumseh Sherman, El Rei dels Calés, el Rei del Dolor, el Coronel Mostatxo Oofty-Goofy, George Washington II, així com també els dos gossos "Bummer" i "Lazarus"

STANNARD, Matthew B *Clampers toast Emperor Norton History buffs honor lunatic of old-time San Francisco* http://www.sfgate.com/cgi-bin/article.cgi?file=/chronicle/archive/2002/01/13/MN135259.DTL
Article publicat al San Francisco Chronicle el 13 de gener del 2002 descrivint la societat dels Clampers i la seva admiració per Norton

The Virtual Museum of the city of San Francisco *Funeral of Lazarus* http://www.sfmuseum.org/hist6/lazarus.html
Recopilació de relats sobre la mort del gos "Lazarus", esdevinguda a San Francisco l'octubre de 1863

The Virtual Museum of the city of San Francisco *Joshua A. Norton* http://www.sfmuseum.org/hist1/norton.html
Resum cronològic de la vida de Norton, extret del *San Francisco Almanac* de Gladys Hansen, publicat per Chronicle Books el 1995

THOMPSON, Paul: *PEOPLE IN AMERICA - August 26, 2001: Emperor Norton* http://www.manythings.org/voa/01/010826pia_t.htm
Hi apareixen els diàlegs de dos locutors d'un programa de ràdio explicant breument qui fou l'Emperador Norton. Entre els fets que en destaquen, hi ha els decrets sobre la destitució del governador Wise de Virgínia per haver fet penjar John Brown, la

prohibició de la paraula *Frisco*, l'ordre de construir un pont entre San Francisco i Oakland i la seva actuació per evitar l'assalt contra el barri dels immigrants xinesos. Aquests locutors incorren en l'error de considerar "Bummer" i "Lazarus" els gossos de l'Emperador. La pàgina ofereix la possibilitat de baixar-se'n les versions en Real Audio i MP3.

Zola *Emperor Joshua Norton I* http://freedom.orlingrabbe.com/lfetimes/norton.htm
Esbós biogràfic de Norton, amb una descripció del personatge i de la seva vida. Al final, hi afegeix una bibliografia.

www.ingramcontent.com/pod-product-compliance
Lightning Source LLC
LaVergne TN
LVHW041157080426
835511LV00006B/633